U0943226

周易经解

余万伦 著

巴蜀書社

图书在版编目（CIP）数据

周易经解 / 余万伦著 . —成都：巴蜀书社，2019. 2
ISBN 978-7-5531-1096-7

Ⅰ. ①周… Ⅱ. ①余… Ⅲ. ①《周易》—研究 Ⅳ. ①B221. 5

中国版本图书馆 CIP 数据核字（2019）第 015978 号

周 易 经 解
ZHOUYI JINGJIE

余万伦 著

责任编辑 黄云生
出　　版 巴蜀书社
　　　　 成都市槐树街 2 号 邮编 610031
　　　　 总编室电话：（028） 86259397
网　　址 www. bsbook. com
发　　行 巴蜀书社
　　　　 发行科电话：（028） 86259422 86259423
经　　销 新华书店
印　　刷 成都春晓印务有限公司
版　　次 2019 年 3 月第 1 版
印　　次 2019 年 3 月第 1 次印刷
成品尺寸 210mm×148mm
印　　张 8
字　　数 220 千字
印　　数 1—3000 册
书　　号 ISBN 978-7-5531-1096-7
定　　价 30. 00 元

目　录

序言 …………………………………………………… 余万伦（ 1 ）

第一章　周易上经 ………………………………………… （ 1 ）

一　乾 ………………………………………………………… （ 2 ）

二　坤 ………………………………………………………… （ 8 ）

三　屯 ………………………………………………………… （13）

四　蒙 ………………………………………………………… （17）

五　需 ………………………………………………………… （20）

六　讼 ………………………………………………………… （22）

七　师 ………………………………………………………… （25）

八　比 ………………………………………………………… （28）

九　小畜 ……………………………………………………… （31）

一〇　履 ……………………………………………………… （34）

一一　泰 ……………………………………………………… （37）

一二　否 ……………………………………………………… （40）

一三　同人 …………………………………………………… （43）

一四 大有 …………………………………………………… (46)
一五 谦 ……………………………………………………… (49)
一六 豫 ……………………………………………………… (52)
一七 随 ……………………………………………………… (55)
一八 蛊 ……………………………………………………… (58)
一九 临 ……………………………………………………… (61)
二〇 观 ……………………………………………………… (63)
二一 噬嗑 …………………………………………………… (66)
二二 贲 ……………………………………………………… (69)
二三 剥 ……………………………………………………… (72)
二四 复 ……………………………………………………… (74)
二五 无妄 …………………………………………………… (77)
二六 大畜 …………………………………………………… (80)
二七 颐 ……………………………………………………… (83)
二八 大过 …………………………………………………… (86)
二九 坎 ……………………………………………………… (89)
三〇 离 ……………………………………………………… (92)

第二章 周易下经 ………………………………………… (95)

三一 咸 ……………………………………………………… (95)
三二 恒 ……………………………………………………… (98)
三三 遁 ……………………………………………………… (101)
三四 大壮 …………………………………………………… (104)
三五 晋 ……………………………………………………… (106)
三六 明夷 …………………………………………………… (109)
三七 家人 …………………………………………………… (112)
三八 睽 ……………………………………………………… (115)

三九 蹇 …………………………………………………… (118)
四〇 解 …………………………………………………… (121)
四一 损 …………………………………………………… (124)
四二 益 …………………………………………………… (127)
四三 夬 …………………………………………………… (130)
四四 姤 …………………………………………………… (133)
四五 萃 …………………………………………………… (136)
四六 升 …………………………………………………… (139)
四七 困 …………………………………………………… (142)
四八 井 …………………………………………………… (145)
四九 革 …………………………………………………… (148)
五〇 鼎 …………………………………………………… (151)
五一 震 …………………………………………………… (155)
五二 艮 …………………………………………………… (158)
五三 渐 …………………………………………………… (162)
五四 归妹 ………………………………………………… (165)
五五 丰 …………………………………………………… (168)
五六 旅 …………………………………………………… (171)
五七 巽 …………………………………………………… (174)
五八 兑 …………………………………………………… (177)
五九 涣 …………………………………………………… (180)
六〇 节 …………………………………………………… (182)
六一 中孚 ………………………………………………… (185)
六二 小过 ………………………………………………… (188)
六三 既济 ………………………………………………… (192)
六四 未济 ………………………………………………… (195)

第三章 系辞上 …………………………………………………………… (198)

第四章 系辞下 …………………………………………………………… (216)

第五章 说卦 ……………………………………………………………… (231)

第六章 序卦 ……………………………………………………………… (239)

第七章 杂卦 ……………………………………………………………… (245)

参考文献 ………………………………………………………………… (249)

序 言

中国传统文化有两大基石：文字和卦。中国文字是象形文字，反映了中国古人对自然的认识。卦是象形符号，反映了中国古人对人自身的认识。中国文字和卦是中国传统文化的最高成就。

《周易》是说明卦的涵义的著作。最近出版的《周易象释》（余万伦著，巴蜀书社，2017 年）已经证明，《周易》是一个行为理论，揭示了人类最基本的行为规律。根据这一观点，本书对《周易》的经文逐句作出通俗简明的解读，不作过多解释，不作阐述，不作引申，不作讨论，不探求本源。若想了解更多，请参阅《周易象释》以及相关文献。

《易经》为众经之首，是《周易》和“十翼”的统称，其中《周易》是体，“十翼”是翼。“十翼”为：《彖》上下、《象》上下、《系辞》上下，《文言》、《说卦》、《序卦》、《杂卦》。“十翼”对《周易》作了适当说明、补充、引申，对于理解《周易》原义十分有益。本书对“十翼”的经文也一并作了解读。

《周易》是人类有史以来最伟大的著作之一，博大精深，准确解读其本义实非易事。书中错误在所难免，敬请广大读者批评指正。

余万伦

2018年5月2日于成都信息工程大学观云台

第一章　周易上经

《周易》是一个行为理论，主要回答以下问题：

一、是否存在能够覆盖人类一切行为的基本行为？如果存在，这些基本行为是哪些？

二、基本行为随时间变化有没有规律？如果有，这些规律是什么？

三、基本行为的程度变化有没有规律？如果有，这些规律是什么？

《周易》的伟大发现是：存在能够覆盖人类一切行为的基本行为，这些基本行为随时间变化和程度变化具有永恒不变的规律。

《周易》得出了这些基本行为及其变化规律：

一、基本行为一共六十四个。《周易》发明了称为“卦”的符号，用以表示和定义基本行为。每卦有六爻，因而可以看作由上下两个八卦重叠构成。

二、每卦的后面系有一句辞，叫“卦辞”，是《周易》对相应基本行为所下的总体断语。

三、卦辞后面跟着有六句辞，叫“爻辞”，前三句分别是《周易》对该基本行为在初期、中期、终期必将发生的事情及其后果所下的断语，后三句分别是《周易》对该基本行为的最低、中等、最高三个程度必将发生的事情及其后果所下的断语。

卦、卦辞、爻辞加在一起便是《周易》的全部内容。我们先列出《周易》的经文以及相应的《彖》辞、《象》辞、《文言》，然后分别作出解读。以下《周易》简称《易》。

一 乾

䷀ 乾，元、亨、利、贞。

《彖》曰：大哉乾元！万物资始，乃统天。云行雨施，品物流形，大明终始，六位时成，时乘六龙以御天。乾道变化，各正性命，保合太和，乃利贞。首出庶物，万国咸宁。

《象》曰：天行健，君子以自强不息。

《文言》曰：元者善之长也，亨者嘉之会也，利者义之和也，贞者事之干也。君子体仁足以长人，嘉会足以合礼，利物足以和义，贞固足以干事，君子行此四德者，故曰乾元亨利贞。乾元者，始而亨者也，利贞者，性情也。乾始，能以美利利天下，不言所利，大矣哉！大哉乾乎，刚健中正，纯粹精也，六爻发挥，旁通情也，时乘六龙，以御天也，云行雨施，天下平也。

乾卦表示刚健的行为。使用力量为刚。充满力量并且使用力量不停息叫刚健。刚健的行为具有四个本质特征：元、亨、利、贞。一切事物都是乾创始的，叫元。力量足够强大，做任何事情都没有阻碍，叫亨。力量足够强大，做任何事情都顺利，如刀之加于禾，叫利。力量足够强大并且使用力量不停息，做任何事情都能正，叫贞。乾的行为是一切健康人所具有的行为，所以叫健。比较接近乾义的现代词汇有：努力、勤奋、奋斗、拼搏、强硬、自信、阳光等。

《易》说：乾，元、亨、利、贞。

《彖》说：多么伟大的乾元！万物由你而始，因为你是统领天下的第一德。观乎天下万物，变化有序，云行雨施，品物流形，大明一切物之终始，乃知六爻之位因为时间演化而成。在乾卦，六位皆刚，像六龙，而时间则乘此六龙以统御天下。乾道不断变化，而万物各正其性命，因乾而保合太和，因乾乃利贞。乾创始出庶物，乾使万国咸宁。

《象》说：刚健的行为像天体运行，君子效法之，以自强不息。

《文言》说：元是善之长，亨为嘉之会，利是义之和，贞为事之干。君子体仁足以长人，嘉会足以合礼，利物足以和义，贞固足以干事，君子为行此四德者，故说乾元亨利贞。　乾元，因始而亨。利贞，说的是性情。乾始，能以美利利天下而不言所利，多么大啊！乾大啊，刚健中正，而纯粹精，六爻发挥，而旁通情，时乘六龙，以统御天下，云行雨施，故天下和平。

初九，潜龙勿用。

《象》曰：潜龙勿用，阳在下也。

《文言》曰：初九曰“潜龙勿用”，何谓也？子曰：龙德而隐者也。不易乎世，不成乎名，遁世无闷，不见是而无闷，乐则行之，忧则违之，确乎其不可拔，潜龙也。　潜龙勿用，下也。　潜龙勿用，阳气潜藏。　君子以成德为行，日可见之行也。潜之为言也，隐而未见、行而未成，是以君子弗用也。

初九指乾之初始。力量没有发挥出来，或只发挥出来一小部分，其潜力究竟有多大，世上没人知道，甚至连本人也不知道。

《易》说：乾之初，龙潜伏于深渊，没人见到，勿用此爻长期潜藏在下。

《象》说：潜龙勿用，因为阳气潜藏在下。乾纯刚，其气叫阳气，又叫阳刚之气。

《文言》说：初九爻辞说“潜龙勿用”，这是什么意思呢？孔子回答说：意思是具有龙德而隐于世的人。什么叫潜龙？不易乎世，不成乎名，遁世无闷，不见是而无闷，乐则行之，忧则违之，确乎其不可拔，这就叫潜龙。 潜龙勿用，就是在下。 潜龙勿用，意思是阳气潜藏。 君子以成德为行，也就是日可见之行。潜之为言，意思是隐而未现、行而未成，是以君子弗用。

九二，见龙在田，利见大人。

《象》曰：见龙在田，德施普也。

《文言》曰：九二曰：“见龙在田，利见大人。”何谓也？子曰：龙德而正中者也。庸言之信，庸行之谨，闲邪存其诚，善世而不伐，德博而化，《易》曰：“见龙在田，利见大人。”君德也。 见龙在田，时舍也。 见龙在田，天下文明。 君子学以聚之，问以辩之，宽以居之，仁以行之，《易》曰：“见龙在田，利见大人。”君德也。

九二表示乾的中期。力量发挥出来大部分，产生一定影响。

《易》说：乾之中，龙用力，现身在田野，周围的人都见到，利见大人。见龙读作现龙。

《象》说：见龙在田，因为才能普遍施展。

《文言》说：九二爻辞说："见龙在田，利见大人。"这是什么意思呢？孔子回答说：意思是具有龙德而正中的人。庸言之信，庸行之谨，闲邪存其诚，善世而不伐，德博而化，《易》曰："见龙在田，利见大人。"这就是君德。　见龙在田，因为时舍。　见龙在田，天下文明。　君子学以聚之，问以辩之，宽以居之，仁以行之，《易》曰："见龙在田，利见大人。"说的正是君德。

九三，君子终日乾乾，夕惕若厉，无咎。

《象》曰：终日乾乾，反复道也。

《文言》曰：九三曰："君子终日乾乾，夕惕若厉，无咎。"何谓也？子曰：君子进德修业，忠信所以进德也，修辞立其诚，所以居业也。知至至之，可与几也，知终终之，可与存义也。是故居上位而不骄，在下位而不忧，故乾乾因其时而惕，虽危无咎矣。终日乾乾，行事也。　终日乾乾，与时偕行。　九三重刚而不中，上不在天，下不在田，故乾乾因其时而惕，虽危无咎矣。

九三表示乾的终期。力量全部发挥出来。

《易》说：乾之终，君子此时仍然奋斗不息，白天努力又努力，晚上则保持警惕，就像危险随时来临，无咎。日，白天。夕，晚上。厉，危险。

《象》说：白天努力又努力，晚上保持警惕，担心偏离正道。反，返。

《文言》说：九三爻辞说："君子终日乾乾，夕惕若厉，无咎。"这是什么意思呢？孔子回答说：君子一生两件事：进德和修业。忠信所以进德，修辞立其诚，所以居业。知至而至之，可与几也，知终而终之，可与存义。是故居上位而不骄，在下位而不忧，故乾乾因其时而惕，虽危无咎。终日乾乾，意思是行事。 终日乾乾，与时偕行。 九三重刚而不中，上不像九五在天，下不像九二在田，故乾乾因其时而惕，虽危无咎。

九四，或跃在渊，无咎。

《象》曰：或跃在渊，进无咎也。

《文言》曰：九四曰："或跃在渊，无咎。"何谓也？子曰：上下无常，非为邪也，进退无恒，非离群也，君子进德修业，欲及时也，故无咎。 或跃在渊，自试也。 或跃在渊，乾道乃革。 九四重刚而不中，上不在天，下不在田，中不在人，故或之。或之者，疑之也，故无咎。

九四表示乾之下。刚健不足。力量小，进则显耀一时，退则默默无闻。

《易》说：乾之下，龙有时从深渊跃出，有时潜伏在渊，无咎。

《象》说：或跃在渊无咎，意思是进无咎。

《文言》说：九四爻辞说："或跃在渊，无咎。"这是什么意思呢？孔子回答说：上下无常，并非为邪，进退无恒，并非离群，君子进德修业，欲及时，故无咎。 或跃在渊，意思是自试。 或跃在渊，乾道乃革。 九四重刚而不中，上不像九五在天，下不像九二在田，中不像九三在人，故或之。或之者，就是疑之，故无咎。

九五，飞龙在天，利见大人。

《象》曰：飞龙在天，大人造也。

《文言》曰：九五曰："飞龙在天，利见大人。"何谓也？子曰：同声相应，同气相求。水流湿，火就燥，云从龙，风从虎，圣人作而万物睹。本乎天者亲上，本乎地者亲下，则各从其类也。 飞龙在天，上治也。 飞龙在天，乃位乎天德。 夫大人者，与天地合其德，与日月合其明，与四时合其序，与鬼神合其吉凶，先天而天弗违，后天而奉天时。天且弗违，而况于人乎？况于鬼神乎？

九五表示乾之中。刚健充足。力量大，造成广泛影响。

《易》说：乾之中，自身巨大的力量使龙腾飞于天空，天下人都见到，利见大人。

《象》说：飞龙在天，是大人造就的结果。

《文言》说：九五爻辞说："飞龙在天，利见大人。"这是什么意思呢？孔子回答说：同声相应，同气相求。水流湿，火就燥，云从龙，风从虎，圣人作而万物睹。本乎天者亲上，本乎地者亲下，则各从其类也。 飞龙在天，意思是上治。 飞龙在天，乃位乎天德。 什么人称得上大人？大人与天地合其德，与日月合其明，与四时合其序，与鬼神合其吉凶，先天而天弗违，后天而奉天时。天且弗违，而何况于人呢？何况于鬼神呢？

上九，亢龙有悔。

《象》曰：亢龙有悔，盈不可久也。

《文言》曰：上九曰"亢龙有悔"，何谓也？子曰：贵而无位，高而无民，贤人在下位而无辅，是以动而有悔也。 亢龙有悔，穷之灾也。 亢龙有悔，与时偕极。 亢之为言也，知进而不知退，知存而不知亡，知得而不知丧。其唯圣人乎！知进退存亡而不失其正者，其唯圣人乎！

上九指乾之上。刚健盈满。

《易》说：乾之上，亢奋的龙有悔。亢音抗，极。

《象》说：亢龙有悔，因为盈不可长久。

《文言》说：上九爻辞说“亢龙有悔”，这是什么意思呢？孔子回答说：贵而无位，高而无民，贤人在下位而无辅，是以动而有悔。 亢龙有悔，这是穷之灾。 亢龙有悔，与时偕极。 亢之为言，意思是知进而不知退，知存而不知亡，知得而不知丧。唯圣人能做到吧！知进退存亡而不失其正者，唯圣人能做到吧！

用九，见群龙无首，吉。

《象》曰：用九，天德不可为首也。

《文言》曰：乾元用九，天下治也。 乾元用九，乃见天则。

九表示刚，用九即用刚，说用刚的一般规律。

《易》说：用刚，刚之为道，用之而呈现出群龙无首的情况，吉。见读作现。首，首领。

《象》说：用九即用刚，刚为天德，天德不可为首。

《文言》说：乾元用九，天下治理。 乾元用九，乃见天则。

二 坤

䷁ 坤，元、亨，利牝马之贞。君子有攸往，先迷后得主。利西南得朋，东北丧朋。安贞吉。

《彖》曰：至哉坤元，万物资生，乃顺承天。坤厚载物，德合无疆，含弘光大，品物咸亨。牝马地道，行地无疆，柔顺利贞，君子攸行，先迷失道，后顺得常，西南得朋，乃与类行，东北丧朋，乃终有庆，安贞之吉，应地无疆。

《象》曰：地势坤，君子以厚德载物。

《文言》曰：坤至柔而动也刚，至静而德方，后得主而有常，含万物而化光。坤道其顺乎？承天而时行。

坤卦表示柔顺的行为。不使用力量为柔。自始至终不使用力量，会让人觉得柔而顺，叫柔顺。地的行为是典型的柔顺，故卦名坤，坤是地的别名。柔顺的行为具有元、亨两个本质特征。坤元不同于乾元。如果只有乾创始事物而没有坤的顺从，事物不能成，如果只有坤的顺从而没有乾创始事物，事物也不能成，这叫坤元。坤亨不同于乾亨。乾亨靠力量，力量足够强大，做任何事情都没有阻碍，这是乾亨。坤亨靠顺从，足够顺从，做任何事情都没有阻碍，这是坤亨。柔顺的人并不是什么人都顺从，换言之，顺从具有方向性。愿意顺从的方向称为西南，不愿意顺从的方向为东北。因而，柔顺的人在西南会得到朋友，而在东北则会失去朋友。

《易》说：坤，元、亨，利像母马一样，自始至终顺从于主人。君子柔顺而有所往，将先迷失方向，后得到主人而不迷。在西南会得到朋友，而在东北则会失去朋友。安贞吉。牝音聘，雌性。贞，正。

《彖》说：多么极至的坤元！万物由你而生，这是因为你顺承天。坤厚載物，德合无疆，含弘光大，品物咸亨。牝马地道，行地无疆，柔顺利贞，君子攸行，先迷失道，后顺得常，西南得朋，乃与类行，东北丧朋，乃终有庆，安贞之吉，应地无疆。

《象》说：柔顺的行为像大地，君子效法之，以厚德载物。厚德即坤德，也即顺德；地厚，所以叫厚德。

《文言》说：坤至柔而动也刚，至静而德方，后得主而有常，含万物而化光。坤道是顺吧！承天而时行。

初六，履霜坚冰至。

《象》曰：履霜坚冰，阴始凝也；驯致其道，至坚冰也。

《文言》曰：积善之家，必有余庆；积不善之家，必有余殃。臣弑其君，子弑其父，非一朝一夕之故，其所由来者渐矣，由辩之不早辩也，《易》曰："履霜坚冰至。"盖言顺也。

初六指坤之初始。开始柔顺，事因而起，但效果微弱，不易察觉，需要经过一段时间积累，才会明显起来。

《易》说：坤之初，一朝履霜，意味着坚冰将至。

《象》说：霜出现时，阴气开始凝结，驯致其道，经过一段时间，坚冰才会出现。柔之气叫阴气，又叫阴柔之气。

《文言》说：积善之家，必有余庆；积不善之家，必有余殃。臣弑其君，子弑其父，非一朝一夕之故，其所由来是一个渐进的过程，由于辩之不早辩，《易》曰："履霜坚冰至。"大概是言顺吧。

六二，直方大，不习无不利。

《象》曰：六二之动，直以方也；不习无不利，地道光也。

《文言》曰：直其正也，方其义也。君子敬以直内，义以方外，敬义立而德不孤。"直方大，不习无不利"，则不疑其所行也。

六二表示坤之中期。柔顺之中，事进行到了中期，坚持坤道，事乃可成。

《易》说：坤之中，此时，内心保持正直，外表保持义方，胸怀保持广大，不习无不利。

《象》说：六二之动，正直而义方。不习无不利，因为地道光大。地厚实，能够承载万物，叫地道，又叫坤道，又叫厚道，也就是柔顺之道。

《文言》说：直，指其正；方，指其义。君子内敬以直，外义以方，敬义立而德不孤。“直方大，不习无不利”，意思是不疑其所行。

六三，含章可贞，或从王事，无成有终。

《象》曰：含章可贞，以时发也；或从王事，知光大也。

《文言》曰：阴虽有美，含之，以从王事，弗敢成也，地道也，妻道也，臣道也。地道无成而代有终也。

六三表示坤的终期。柔顺之终，事成。事成，为乾坤共同作用的结果，乾道可有其成，坤道不可有其成。

《易》说：坤之终，含章不发，可以长久，以此跟从王做事，事成之后，不敢有其成，虽然无成，但有善终。事成，乃坤之美，有美而不发，叫含章。贞，久。

《象》说：含章可久，不是永远不发，而是以时发。或从王做事无成有终，坤之智慧光大。

《文言》说：阴虽然有美，含之，以此从王事，不敢有其成，这样做是地道，是妻道，是臣道。地道无成，而代替它的是有终。

六四，括囊，无咎无誉。

《象》曰：括囊无咎，慎不害也。

《文言》曰：天地变化，草木蕃；天地闭，贤人隐，《易》曰："括囊，无咎无誉。"盖言谨也。

六四表示坤之下。柔顺不足。不宜明确表态，那就沉默不语。

《易》说：坤之下，把嘴闭上不说话，就像把囊口塞住，不让里面的东西倒出来一样，无咎，无誉。括，塞。囊，口袋。

《象》说：闭嘴不说话，谨慎行事，虽然不会得到荣誉，但是也不会受到伤害。

《文言》曰：天地变化，草木蕃；天地闭，贤人隐，《易》曰："括囊，无咎无誉。"大概是言谨吧。

六五，黄裳，元吉。

《象》曰：黄裳元吉，文在中也。

《文言》曰：君子黄中通理，正位居体，美在其中，而畅于四支，发于事业，美之至也。

六五表示坤之中。柔顺充足。真心支持一个人，并不是对他百依百顺，而是当他出现偏差时加以修正，要做到这一点就得保持中正。

《易》说：坤之中，像黄色之于七色一样中，像衣裳上身一样柔顺，元吉。上为衣，下为裳。

《象》说：黄裳元吉，其美在中。凡物，有文则美。

《文言》说：君子黄中通理，正位居体，美在其中，而畅于四肢，发于事业，美之极至。

上六，龙战于野，其血玄黄。

《象》曰：龙战于野，其道穷也。

《文言》曰：阴疑于阳必战，为其嫌于无阳也，故称龙焉；犹未离其类也，故称血焉。夫玄黄者，天地之杂也，天玄而地黄。

上六指坤之上。过于柔顺，会疑于阳刚，而与之战。

《易》说：坤之上，阴柔过度，与阳刚发生战斗，如龙战于野，两败俱伤，其血玄黄。玄黄，天地杂色，天色玄，地色黄，阳刚之血玄，阴柔之血黄。

《象》说：龙战于野，坤道之穷。

《文言》说：阴疑于阳必战，因为其嫌于无阳，故称龙；犹未离其类，故称血。玄黄，天地之杂色，天玄而地黄。

用六，利永贞。

《象》曰：用六永贞，以大终也。

六表示柔，用六即用柔，说用柔的一般规律。

《易》说：用柔，柔之为道，用之利永正。永，永远。贞，正。

《象》说：用六即用柔，用柔永正，以大终结。

三　屯

䷂ 屯，元亨，利贞，勿用有攸往，利建侯。

《彖》曰：屯，刚柔始交而难生，动乎险中，大亨、贞。雷雨之动满盈，天造草昧，宜建侯而不宁。

《象》曰：云雷，屯，君子以经纶。

屯卦表示创生的行为，包括创业、创造、创作等。创生像草木初生，故卦名屯。屯是动而做事，因而是动和做事的统一，分别由下卦震和上卦坎表示。屯在本质上是动，在表面上是做事，没有动就没有屯。有动而没有做事，屯道不成。屯的过程是一个动的过程，屯的程度决定于做事的难度。难度大，所创造的新生事物大。难度小，所创造的新生事物小。新生事物被创造出来，具有无限可能，所以大亨。其行为正则利，不正不利。

《易》说：创造出新生事物，大亨，利正，勿用此卦有所往，利建立侯国。屯音谆，难，字象草木初生，屯然而难。贞，正。

《彖》说：屯，刚柔始交而难生，其义为动乎险中，所以大亨、贞。屯之动像雷雨之动，满盈天下。天造草昧以屯。屯，宜建侯而不宁。

《象》说：屯的行为像云雷，君子效法之，以深谋远虑，筹划未来。

初九，磐桓，利居贞，利建侯。

《象》曰：虽磐桓，志行正也；以贵下贱，大得民也。

初九指屯之初始。反复酝酿，反复考虑。

《易》说：屯之初，如绕桓盘旋，利居正，利建立侯国。磐读作盘，盘旋。桓音环，木柱。

《象》说：虽盘桓，志行都正。征求意见以贵下贱，可以大得民心。

六二，屯如邅如，乘马班如。匪寇婚媾。女子贞不字，十年乃字。

《象》曰：六二之难，乘刚也；十年乃字，反常也。

六二表示屯的中期。采取行动，困难出现。

《易》说：屯之中，创生的行动困难重重，有时像草木初生，屯然而难，有时像良马负重，举步维艰，有时像乘马相别，毫无进展。身处此难，有人前来，来者非敌非寇，是亲是友。此阶段可能持续很长时间。女子久不生，十年乃生。邅音沾，难行不进的样子。乘（音胜）马，古代称一辆四匹马拉的兵车为一乘，乘马即四匹马。班，分别。乘马相别，一往东，一往西，一往南，一往北，谁也走不动，费力而没有进展。寇，敌寇。媾音够，再婚为媾。婚媾，亲戚。字，生。

《象》说：六二之难，因为乘刚。十年乃生，反常。乘（音成）刚，乘柔性的马叫乘柔，乘刚性的马叫乘刚，乘柔马顺从于人，乘刚人顺从于马，这里的“马”指创生的环境。

六三，即鹿无虞，惟入于林中。君子几，不如舍，往吝。

《象》曰：即鹿无虞，以从禽也；君子舍之，往吝穷也。

六三表示屯的终期。新生事物既创造出来，不可见利妄为。

《易》说：屯之终，看见一只鹿就去追逐，没有虞人作向导，结果只能是入于林中而迷失方向，同时失去目标。君子知道其中奥秘，遇到这样的情况，不如舍弃，追逐徒生吝惜，一无所获。即，就。虞音余，虞人，古时掌山泽之官，这里指向导。几，奥秘。舍，舍弃。吝，恨惜、尴尬。

《象》说：看见鹿没有向导指引就去追逐，不仅追不上，令人吝惜，反而走上一条穷途末路，所以君子舍弃不追。从，跟从。

穷，穷尽。

六四，乘马班如，求婚媾，往，吉无不利。

《象》曰：求而往，明也。

六四表示屯之下。创生难度小。

《易》说：屯之下，会出现像乘马相别一样毫无进展的情况，此时有人请求合作，答应他，吉无不利。婚媾，指合作。

《象》说：求而往，明智之举。

九五，屯其膏，小，贞吉；大，贞凶。

《象》曰：屯其膏，施未光也。

九五表示屯之中。创生难度大。

《易》说：屯之中，精华很珍贵，用不完的可以囤积起来。如果囤积小，施用就会大，久吉。反之，如果囤积大，施用就会小，久凶。屯读作囤。膏，脂肪，这里指精华。贞，久。

《象》说：囤其精华，说明施用未光。

上六，乘马班如，泣血涟如。

《象》曰：泣血涟如，何可长也？

上六指屯之上。创生极难。

《易》说：屯之上，总像乘马相别一样，一直没有进展，新生事物最终没有创生出来，让人泣血涟涟。泣血涟涟，无声出涕为泣，泣之甚者为泣血，泣下为涟。

《象》说：泣血涟涟，何可长久？

四　蒙

䷃蒙，亨。匪我求童蒙，童蒙求我。初筮告，再三渎，渎则不告。利贞。

《彖》曰：蒙，山下有险。险而止，蒙。蒙亨，以亨行，时中也。匪我求童蒙，童蒙求我，志应也。初筮告，以刚中也。再三渎，渎则不告，渎蒙也。蒙以养正，圣功也。

《象》曰：山下出泉，蒙，君子以果行育德。

蒙卦表示求知的行为。人因为蒙昧，所以求知。在获得知识之前，一直处于蒙昧状态，故卦名蒙。求知包含有劳动，这样的劳动在找到真理时便停止下来，因而蒙是劳动和止的统一，分别由下卦坎和上卦艮表示。蒙在本质上是劳动，在表面上是止。没有劳动就没有蒙。有劳动而没有停止，没有找到真理，蒙道不成。蒙的过程是一个劳动的过程，知识的多少决定于止的程度。一个人如果有知识，其行为就会受到知识的制约，如果无知识，反而亨通。蒙以养正。

《易》说：蒙昧，亨通。不是我求童蒙，而是童蒙求我。初次问，告诉他，再次问、三次问恐有亵渎之意，有亵渎之意则不告。利正。匪，非。我，指知者。筮音世，问。渎音读，亵渎。贞，正。

《彖》说：蒙之象，山下有险。行险而止，叫蒙。蒙亨，意思是蒙以亨行，这是因为时中。匪我求童蒙、童蒙求我，因为志应。

初筮告，因为刚中。再三渎，渎则不告，渎是亵渎蒙道之意。蒙以养正，这是圣功。

《象》说：蒙的行为像山下出泉，君子效法之，以将所学付诸行动，培育品德。

初六，发蒙，利用刑人，用说桎梏，以往，吝。

《象》曰：利用刑人，以正法也。

初六表示蒙之初始。无知蒙住心智，受到启发。

《易》说：蒙之初，启发蒙昧，叫发蒙，利用树立典型，让其效仿，用于解脱桎梏，不学，吝。刑，法。说读作脱。桎音质，足械。梏音骨，手械。吝，恨惜。

《象》说：利用树立典型，引导其走上正确道路。

九二，包蒙吉，纳妇吉，子克家。

《象》曰：子克家，刚柔接也。

九二表示蒙的中期。有一定知识，包容没有知识的人。

《易》说：蒙之中，包容蒙昧，叫包蒙，吉，娶妻纳妇吉，子持家。包，包容。克，能。

《象》说：子持家，刚柔相接。有知识刚，没有知识柔。有知识，不满足，叫刚柔相接。

六三，勿用取女，见金夫，不有躬，无攸利。

《象》曰：勿用取女，行不顺也。

六三表示蒙的终期。知识饱和，行为不顺。

《易》说：蒙之终，勿用此爻娶女，因为娶了以后，她见了比你更有知识的男子，有可能失身于他，娶之无攸利。取读作娶。躬，身。

《象》说：勿用娶女，因为这样的女人行为不顺。

六四，困蒙，吝。

《象》曰：困蒙之吝，独远实也。

六四表示蒙之下。不学，困于其所不知。

《易》说：蒙之下，困于蒙昧，叫困蒙，吝。

《象》说：困蒙之吝，因为独自远离真实。

六五，童蒙，吉。

《象》曰：童蒙之吉，顺以巽也。

六五表示蒙之中。好学，知识日益增长。

《易》说：蒙之中，好学如儿童，叫童蒙，吉。

《象》说：童蒙之吉，因为顺以接受新知识。顺，顺从。巽，接受。

上九，击蒙，不利为寇，利御寇。

《象》曰：利用御寇，上下顺也。

上九表示蒙之上。极好学，知人所不知。

《易》说：蒙之上，用以抗击来犯，叫击蒙，不利为寇，利御寇。

《象》说：利用御寇，这样做上下都顺。

五　需

䷄ 需，有孚，光，亨，贞吉，利涉大川。

《彖》曰：需，须也，险在前也，刚健而不陷，其义不困穷矣。需，有孚、光、亨、贞吉，位乎天位，以正中也。利涉大川，往有功也。

《象》曰：云上于天，需，君子以饮食宴乐。

需卦表示等待的行为。原本在某个进程中，发现前方有灾难，于是暂时中断进程，等待灾难消失以后再继续往前进行，这样的行为叫需。由于没有陷入前方的灾难，所以仍然保持刚健。在中断进程等待的过程中，不是什么事情都不做，而是要做其它事情。由此可见，需是刚健和做事的统一，分别由下卦乾和上卦坎表示。需在本质上是刚健，在表面上是做事。没有刚健，就没有需。有刚健而没有做事，需道不成。需的过程是一个刚健的过程，需的程度决定于做事的大小。

《易》说：需，有信，光明，亨通，正吉，利做大事。孚，信。贞，正。

《彖》说：需就是𥂢。险在前，刚健而不陷于其中，其义不困穷。需，有孚、光、亨、贞吉，因为位乎天位，而且正中。利涉大川，意思是往有功。须为𥂢（音须）的借字。

《象》说：需的行为像云上于天，君子效法之，以饮食宴乐。

初九，需于郊，利用恒，无咎。

《象》曰：需于郊，不犯难行也；利用恒无咎，未失常也。

初九表示需之初始。中断进程等待的地方距离前方灾难远。

《易》说：需之初，需于郊，利用恒久，无咎。

《象》说：需于郊，意思是不犯难而行。利用恒无咎，因为未失常。

九二，需于沙，小有言，终吉。

《象》曰：需于沙，衍在中也；虽小有言，以吉终也。

九二表示需的中期。中断进程等待的地方距离前方灾难近。

《易》说：需之中，需于沙，小有言语，终吉。

《象》说：需于沙，意思是水行流在中。虽小有言，以吉终。衍，水朝宗于海的样子。

九三，需于泥，致寇至。

《象》曰：需于泥，灾在外也；自我致寇，敬慎不败也。

九三表示需的终期。中断进程等待的地方就在前方灾难的边缘。

《易》说：需之终，需于泥，招致寇贼至。

《象》说：需于泥，意思是灾在外。自我致寇，敬慎可以不败。

六四，需于血，出自穴。

《象》曰：需于血，顺以听也。

六四表示需之下。没有在灾难到来之前中断进程，入于灾难之穴，因而流血，不得已顺以听从别人，最后从灾难中走出。

《易》说：需之下，需于血，最后从灾难之穴中走出。

《象》说：需于血，意思是流血以后顺以听从别人。

九五，需于酒食，贞吉。

《象》曰：酒食贞吉，以中正也。

九五表示需之中。在灾难到来之前中断进程，在喝酒饮食等做事中等待。

《易》说：需之中，需于酒食，正吉。

《象》说：酒食正吉，因为中正。

上六，入于穴，有不速之客三人来，敬之，终吉。

《象》曰：不速之客来，敬之终吉，虽不当位，未大失也。

上六表示需之上。没有在灾难到来之前中断进程，入于灾难之穴，在灾难中等待。

《易》说：需之上，入于穴，在灾难中等待，有不速之客三人来，敬之，终吉。速，召。

《象》说：不速之客来，敬之终吉，虽不当位，未大失。

六 讼

䷅ 讼，有孚，窒惕，中吉，终凶，利见大人，不利涉大川。

《彖》曰：讼，上刚下险，险而健，讼。讼，有孚、窒惕、中吉，刚来而得中也。终凶，讼不可成也。利见大人，尚中正也。不利涉大川，入于渊也。

《象》曰：天与水违行，讼，君子以作事谋始。

讼卦表示争讼的行为，包括争论、争吵、争斗、诉讼等。争严重便发展为诉讼，故卦名讼。讼是身陷泥潭而外表强硬，因而是身陷和强硬的统一，分别由下卦坎和上卦乾表示。讼在本质上是身陷泥潭，在表面上是外表强硬。不陷入泥潭就没有讼。虽然陷入泥潭，但是外表不强硬，讼道不成。讼的过程是一个陷入泥潭的过程，讼的程度决定于外表强硬的程度。讼不可成，成讼凶。

《易》说：讼，有信，窒息，警惕，中正吉，成讼凶，利见大人，不利做大事。窒音质，塞。惕，警惕。

《彖》说：讼，上卦刚下卦险，其含义为险而健，险而健正是讼。讼，有孚、窒惕、中吉，因为刚来而得中。终凶，因为讼不可成。利见大人，因为尚中正。不利涉大川，因为入于渊。

《象》说：讼的行为像天与水违行，君子戒之，以作事谋始，避免争端。

初六，不永所事，小有言，终吉。

《象》曰：不永所事，讼不可长也；虽小有言，其辩明也。

初六指讼的初始。不争到底。

《易》说：讼之初始，不争到底，小有言语，终吉。

《象》说：不争到底，这样做是正确的，因为讼不可长。虽小有言，但是没有关系，因为其辩自明。

九二，不克讼，归而逋，其邑人三百户无眚。

《象》曰：不克讼，归逋窜也；自下讼上，患至掇也。

九二表示讼的中期。争到底，不胜讼而逃窜。

《易》说：讼的中期，不胜讼，归而逃窜，其村之民三百户会受侵扰，但不受牵连。克，能。逋音捕，逃窜。邑人，村民。眚音省，目生翳。无眚比喻不受牵连。

《象》说：不克讼，所以归而逃窜。这种情况多半发生于自下讼上，这样做是自取祸患。患，祸患。掇音舵，拾取。

六三，食旧德，贞厉，终吉，或从王事，无成。

《象》曰：食旧德，从上吉也。

六三表示讼之终期。争到底，不胜讼而不逃窜，叫食旧德。

《易》说：讼的终期，食旧德，正厉，终吉，以此跟从王做事，事成之后，不敢有其成，王有其成。贞，正。厉，危险。

《象》说：食旧德，意思是从上，这样做吉。

九四，不克讼，复、即命、渝、安、贞，吉。

《象》曰：复即命渝安贞，不失也。

九四表示讼之下。不胜讼，从自身找原因，修正错误。

《易》说：讼之下，不胜讼，检讨自己，服从命运，改变认识，心安宁静，保持正直，吉。复，返。即，就。渝，变。安，安宁。

《象》说：不胜讼而检讨、认命、改变、安宁、正直，这样做不失策。

九五，讼，元吉。

《象》曰：讼元吉，以中正也。

九五表示讼之中。讼以中正。

《易》说：讼之中，讼，元吉。

《象》说：讼元吉，因为中正。

上九，或锡之鞶带，终朝三褫之。

《象》曰：以讼受服，亦不足敬也。

上九表示讼之上。胜讼。

《易》说：讼之上，或因讼受赐鞶带，朝会结束之前三次被夺。锡，赐。鞶音盘，大带。褫音池，夺。

《象》说：以讼受服，也不足敬。

七　师

䷆ 师，贞，丈人吉无咎。

《彖》曰：师，众也；贞，正也。能以众正，可以王矣。刚中而应，行险而顺，以此毒天下而民从之，吉，又何咎矣？

《象》曰：地中有水，师，君子以容民畜众。

师卦表示团结的行为。师是团队之名，可以为一支军队、一个政党、一个国家、一个公司、一支球队等。众人团结一致，莫过于一支军队，故卦名师。师是众人行同一个险难而相互顺从，因而是行险和顺从的统一，分别由下卦坎和上卦坤表示。不存在共同的险难，或虽然存在，但是众人并没有行这个险，就没有师。存在共同的险难而且众人都在行这个险，但是不相互顺从，师道不成。师的过程是一个众人行同一个险的过程，师的强弱取决于相互顺从的程度。

《易》说：使一支队伍团结，众人都正，只有伟人能够做到，做到吉无咎。贞，正。

《彖》说：师，众；贞，正。能使众正，可以王天下。刚中而应乎外表柔顺，行险而顺从人民意志，以此率领天下而人民从之，吉，又何咎呢？

《象》说：师的行为像地中有水，君子效法之，以包容人民，畜聚大众。畜，聚。

初六，师出以律，否臧凶。

《象》曰：师出以律，失律凶也。

初六表示师之初始。师出。

《易》说：师之初，师出以纪律，纪律不好凶。律，纪律。否音痞，不。臧音藏，善。

《象》说：师出以纪律，丧失纪律凶。

九二，在师中，吉无咎，王三锡命。

《象》曰：在师中吉，承天宠也；王三锡命，怀万邦也。

九二表示师之中。师中。

《易》说：师之中，在师中，吉无咎，王三次下达命令。锡，赐。

《象》说：在师中吉，因为承蒙上天宠爱。王三次下达命令，因为他心怀万邦。邦，国。

六三，师或舆尸，凶。

《象》曰：师或舆尸，大无功也。

六三表示师之终期。师老。

《易》说：师之终，可能车载尸体，凶。舆，车。

《象》说：车载尸体，大大的无功。

六四，师左次，无咎。

《象》曰：左次无咎，未失常也。

六四表示师之下。敌强我弱，全师撤退。

《易》说：师之下，全师避敌撤退，无咎。左次，撤退。

《象》说：撤退无咎，这样做未失兵家之常。

六五，田有禽，利执言，无咎，长子帅师，弟子舆尸，贞凶。

《象》曰：长子帅师，以中行也；弟子舆尸，使不当也。

六五表示师之中。敌我相当，关键在指挥。

《易》说：师之中，抓住战机出击，利于仗义执言，无咎。长子帅师，可以获胜。弟子帅师，将载尸而归，久凶。田，猎。

贞，久。

《象》说：长子帅师，这样做使当。弟子帅师，这样做使不当。

上六，大君有命，开国承家，小人勿用。

《象》曰：大君有命，以正功也；小人勿用，必乱邦也。

上六表示师之上。敌弱我强，克敌制胜。

《易》说：师之上，战争获胜，大君发布命令，有功者开国承家，小人勿用此爻。天子为大君，诸侯为国，卿大夫为家。

《象》说：大君有命，论功行赏。小人勿用，即使侥幸立下战功，也不可封赐为诸侯卿大夫，否则必乱邦国。

八 比

䷇ 比，吉（原筮：元永贞无咎，）不宁方来，后夫凶。

《彖》曰：比，吉也。比，辅也，下顺从也。原筮元永贞无咎，以刚中也。不宁方来，上下应也。后夫凶，其道穷也。

《象》曰：地上有水，比，先王以建万国、亲诸侯。

比卦表示亲比的行为，包括对父母的孝、对子女的爱、对朋友的忠、对熟人的帮助、对陌生人的慈善等。比一个人是顺从于他而为他做事，因而比是顺从于人和为人做事的统一，分别由下卦坤和上卦坎表示。比一个人在本质上是顺从于他，在表面上是为他做事。不顺从就没有比。顺从于他而不为他做事，比道不成。比的过程是一个顺从的过程，比的程度决定于为他做事的大小。比不可失正，一旦失正应尽快改正，先改正不凶，后改正者叫后夫，后夫凶。

《易》说：比，吉（原筮：元永正无咎，）成天忙碌不宁，事情从各方面来，后夫凶。贞，正。

《彖》说：比，吉。比一个人，就是辅助他，也就是下于他、顺从于他。原筮元永贞无咎，因为刚中。不宁方来，因为上下呼应。后夫凶，因为其道穷。

《象》说：比的行为像地上有水，先王效法之，以建立万国，亲近诸侯。

初六，有孚，比之无咎。有孚盈缶，终来有它吉。

《象》曰：比之初六，有它吉也。

初六表示比之初始。与人亲比，信字当先。

《易》说：比之初，一个人值得信赖，与他亲比，无咎。如果此人十分值得信赖，最终还会有它吉。孚，信。盈，满。缶音否，瓦器，用于盛酒水。

《象》说：比之初六，有它吉。

六二，比之自内，贞吉。

《象》曰：比之自内，不自失也。

六二表示比之中期。亲比出自内心。

《易》说：比之中，与一个人亲比出自内心，叫比之自内，正吉。

《象》说：比之自内，这样做不自失。

六三，比之匪人。

《象》曰：比之匪人，不亦伤乎？

六三表示比的终期。亲比一个人，一直出自内心，最后却发现这个人值不得亲比，两人的关系到此就终结了。

《易》说：比之终，与一个人亲比，最后发现他是个不值得亲比的人，叫比之匪人。匪，非。

《象》说：比之匪人，心不也伤乎？

六四，外比之，贞吉。

《象》曰：外比于贤，以从上也。

六四表示比之下。两人关系一般，愿意为他做一般的事情。

《易》说：比之下，与一个人亲比，把他当外人，叫外比，正吉。

《象》说：外比于贤，以此从上。

九五，显比，王用三驱，失前禽，邑人不诫，吉。

《象》曰：显比之吉，位正中也；舍逆取顺，失前禽也；邑人不诫，上使中也。

九五表示比之中。两人关系密切，愿意为他做重要的事情。

《易》说：比之中，其比显示出关系亲密，叫显比。王用此爻发明三驱之法，结果失前禽。顺从于自己的人，与他亲比，不顺从于自己的人，与他疏远，结果失去一些人。此法对同村之民不适合，吉。王用三驱失前禽，王者习兵于蒐狩，驱禽而射之，三则已，法军礼也。失前禽者，谓禽在前来者不逆而射之，旁去又不射，唯背走者顺而射之，不中则已，是其所以失之。邑人，村民。

《象》说：显比之吉，因为位正中。舍逆取顺，结果失前禽。邑人不诫，这样做为使中，此为上。

上六，比之无首，凶。

《象》曰：比之无首，无所终也。

上六表示比之上。两人关系极密切，以至于任何事情都愿意为他做。

《易》说：比之上，与一个人亲比，完全丧失自我，像没长脑袋一样，叫比之无首，凶。首，头脑。

《象》说：比之无首，这样做无所终结。

九 小畜

☴☰ 小畜，亨，密云不雨，自我西郊。

《彖》曰：小畜，柔得位而上下应之，曰小畜。健而巽，刚中而志行，乃亨。密云不雨，尚往也；自我西郊，施未行也。

《象》曰：风行天上，小畜，君子以懿文德。

小畜卦表示涵畜的行为。涵畜通常需要畜积一些文辞技巧，这样的文辞技巧叫文德，其所畜小，所以叫小畜。小畜是作出努力去纠正别人的过错，分别由下卦乾和上卦巽表示。对别人的过错不努力去纠正就没有小畜。当别人有过错时，作出努力去纠正，但是别人不接受，小畜之道不成。小畜的过程是一个努力的过程，小畜的程度决定于别人接受的程度。

《易》说：纠正别人的过错涵畜，这样的行为亨通，像密云自西郊飘来，涵畜水汽，并不下雨。畜，积、聚。

《彖》说：小畜，柔得位而上下应之，叫小畜。健而巽，刚中而志行，乃亨。密云不雨，因为尚往；自我西郊，意味着施未行。

《象》说：小畜的行为像风行于天上，君子效法之，以专美文德。懿音壹，专久而美。

初九，复自道，何其咎？吉。

《象》曰：复自道，其义吉也。

初九表示小畜之初始。他有错，自己改正。

《易》说：小畜之初，让他自己改正，叫复自道，哪来咎？吉。复，返。

《象》说：复自道，其义吉。

九二，牵复，吉。

《象》曰：牵复在中，亦不自失也。

九二表示小畜之中期。他有错，引导他改正。

《易》说：小畜之中，牵引他改正，叫牵复，吉。

《象》说：牵复在中，复自道不自失，牵复也不自失。

九三，舆说輹，夫妻反目。

《象》曰：夫妻反目，不能正室也。

九三指小畜的终期。他有错，纠正无效。

《易》说：小畜之终，纠正他的错误，造成对立，像舆脱輹、夫妻反目。舆，车中载人的部分。说读作脱。

《象》说：夫妻反目，丈夫不能纠正妻子的过错。

六四，有孚，血去惕出，无咎。

《象》曰：有孚惕出，上合志也。

六四表示小畜之下。纠正他，他有一点接受。

《易》说：小畜之下，有信于他，没有流血，没有警惕，无咎。孚，信。惕，警惕。

《象》说：有信任没有警惕，说明与他志向一致，合志为上。

九五，有孚挛如，富以其邻。

《象》曰：有孚挛如，不独富也。

九五表示小畜之中。纠正他，他很接受。

《易》说：小畜之中，有信于他如系，说话他听。挛音峦，系。以，及。

《象》说：有信如系，希望他和我一样。

上九，既雨既处，尚德载，妇贞厉，月几望，君子征凶。

《象》曰：既雨既处，德积载也；君子征凶，有所疑也。

上九表示小畜之上。纠正他，他特别接受。

《易》说：小畜之上，不管两人关系有多好，纠正别人过错要懂得适可而止，既雨既处，当不确定时，就不要再说下去。要崇尚德行积载，不要像有的妇人那样，叨叨不止，叨叨不止有危险。目标已经快达到，君子应该停止下来，不可说话过分，过分凶。贞，久。厉，危险。几，近。望，月满。

《象》说：天一下雨，便应该立即停留下来，这样做是积德。君子说话过分凶，因为存在不确定性因素。

一〇 履

☰☱ 履虎尾，不咥人，亨。

《彖》曰：履，柔履刚也。说而应乎乾，是以履虎尾不咥人亨。刚中正，履帝位而不疚，光明也。

《象》曰：上天下泽，履，君子以辩上下、定民志。

履卦表示履行职责的行为。履行职责是心里愿意，因而在履行的时候感到喜悦，同时施展出力量。由此可见，履是内心喜悦与施展力量的统一，分别由下卦兑和上卦乾表示。履在本质上是内心喜悦，在表面上是施展力量。对职责不愿意，履行起来没有喜悦之情，就不会长期履行下去。心里愿意，履行起来感到喜悦，但是不把力量施展出来，履道不成。履的过程是一个内心喜悦的过程，履的程度决定于施展力量的程度。职责如虎，履行职责如履虎尾。能力强，虎不咬人，亨通。反之，能力不强，虎咬人，凶。

《易》说：履行职责如履虎尾，不咥人，亨通。咥音谍，咬。

《彖》说：履，义为柔履刚；履者柔，职责刚。内心喜悦而应乎外表乾，是以履虎尾不咥人亨。刚中正，履帝位而不疚，那是履道光明。

《象》说：履的行为像上天下泽，君子效法之，以辩上下、定民志，履行好自己的职责。

初九，素履，往，无咎。

《象》曰：素履之往，独行愿也。

初九表示履之初始。世上只有自己一人可以履行这个职责，除此之外别无他人，叫素履，例如父亲、母亲、丈夫、妻子等。

《易》说：履之初，素履，往，无咎。

《象》说：素履之往，意思是独自行愿。

九二，履道坦坦，幽人贞吉。

《象》曰：幽人贞吉，中不自乱也。

九二表示履之中期。个人能力大于职责要求，足以履行。

《易》说：履之中，履行的道路平平坦坦，持幽人之贞吉。幽人之贞：走大路不走小路，走正路不走邪路，不受外物干扰。坦，平。幽人，盲人。贞，正。

《象》说：幽人贞吉，因为中不自乱。

六三，眇能视，跛能履，履虎尾，咥人凶，武人为于大君。

《象》曰：眇能视，不足以有明也；跛能履，不足以与行也；咥人之凶，位不当也；武人为于大君，志刚也。

六三指履的终期。个人能力小于职责要求，不足以履行。

《易》说：履之终，虽眇但能视，虽跛但能履，以此履行职责，如履虎尾，咥人凶，例如军人为于天子。眇音秒，一目小。跛，行走不正。武人，军人。大君，天子。

《象》说：虽眇但能视，不足以有明；虽跛但能履，不足以与行。咥人之凶，因为位不当。军人想作天子，其志刚强。

九四，履虎尾，愬愬，终吉。

《象》曰：愬愬终吉，志行也。

九四表示履之下。履行心存恐惧。

《易》说：履之下，履行职责感觉像履虎尾，愬愬然恐惧，终吉。愬音朔，愬愬，恐惧貌。

《象》说：愬愬终吉，其志行。

九五，夬履，贞厉。

《象》曰：夬履贞厉，位正当也。

九五表示履之中。履行敢于决断。

《易》说：履之中，履行职责能够决断，叫夬履，固执危险。夬音怪，决。贞，固。厉，危险。

《象》说：夬履贞厉，因为位正当。

上九，视履考祥，其旋元吉。

《象》曰：元吉在上，大有庆也。

上九表示履之上。履行结果完美无缺。

《易》说：履之上，视其所履，考其所祥，无有缺失，元吉。旋，圆满、没有缺失。

《象》说：元吉在上，意思是大大的有庆。

一一　泰

䷊ 泰，小往大来，吉，亨。

《彖》曰：泰，小往大来吉亨，则是天地交而万物通也，上下交而其志同也。内阳而外阴，内健而外顺，内君子而外小人，君子道长，小人道消也。

《象》曰：天地交，泰，后以财成天地之道，辅相天地之宜，以左右民。

泰卦表示通的行为，通指与人交往、沟通。两人没有交往，做任何事没有门路。相反，两人有交往，很多事情自然行得通，故卦名泰。与人交往，一方面要付出努力，另一方面要顺从于对方，因而泰是努力和顺从的统一，分别由下卦乾和上卦坤表示。泰在本质上是努力，在表面上是顺从于对方。不努力就没有泰。作出努力而不顺从于对方，泰道不成。泰的过程是一个努力的过程，泰的程度决定于顺从对方的程度。

《易》说：与人交往，使关系通泰，小行动一结束，大行动接着来，吉，亨通。

《彖》说：泰，小往大来吉亨，说的是交。在自然界，天地交而万物通；在社会界，上下交而其志同。与人交，内心阳刚而外表阴柔，内心刚健而外表柔顺，内心君子而外表小人，君子之道长，小人之道消。

《象》说：泰的行为像天地交，国君效法之，以财成天地之道，辅助万物生长，帮助广大人民。天地之道即泰之道。后，国君。左右，帮助。

初九，拔茅茹以其汇，征吉。

《象》曰：拔茅征吉，志在外也。

初九表示泰之初始。清除阻碍两人关系的障碍。

《易》说：泰之初，清除两人之间的所有障碍，像拔茅草一样，连根整窝一起拔掉，不留残余。积极行动吉。茅音矛，茅草。茹音如，茅根。汇，类。

《象》说：清除障碍像拔茅草，积极行动吉，是想把两人关系搞好。

九二，包荒，用冯河，不遐遗，朋亡得，尚于中行。

《象》曰：包荒得尚于中行，以光大也。

九二表示泰的中期。包容对方。

《易》说：泰之中，胸怀广大，对于对方存在的不足，尽量包容。利用两人的关系，解决自己的问题。以宽容的态度交朋友，远近不弃，即使以前离开的朋友，也会重新回到身边。崇尚中庸之道。包，包容。荒，广大。冯音凭。冯河，徒步涉河。遐音霞，远。遗，忘。亡，逃。

《象》说：包容广大，朋友失而复得，崇尚中庸之道，以光大天地之道。

九三，无平不陂，无往不复，艰贞无咎，勿恤其孚，于食有福。

《象》曰：无往不复，天地际也。

九三表示泰之终期。两人关系出现问题。

《易》说：泰之终，两人关系出现问题，就像走过一段平路以后，前面出现了一段坡路，又像一个过程，走出去以后，又回到了起点。世上哪有只有平路而没有坡路的路呢？又哪有只有往而没有复的过程呢？所以，出现这样的情况十分正常。正确的做法是努力去克服所出现的障碍，坚持不懈地做下去，这样做无咎，不要在意对方是否有诚意。虽然关系不如从前，但是到了对方地界，一样会受款待。陂音义同坡。复，返。贞，久。恤，在意。孚，信。

《象》说：无往不复，此为天地之际。继续交往为天，断绝交往为地。际，壁会、界。

六四，翩翩，不富以其邻，不戒以孚。

《象》曰：翩翩不富，皆失实也；不戒以孚，中心愿也。

六四表示泰之下，维持关系。

《易》说：泰之下，双方交往轻快如鸟之翩翩，不将自己观点强加于对方，不实施警戒以示信任。翩音篇，疾飞。翩翩，飞行轻快的样子。戒，警戒。

《象》说：交往轻快如鸟之翩翩，不将自己观点强加于对方，二者皆失真实。不实施警戒以示信任，倒是心中愿意。中心，心中。

六五，帝乙归妹以祉，元吉。

《象》曰：以祉元吉，中以行愿也。

六五表示泰之中，采取措施，推动双方关系向纵深发展。

《易》说：泰之中，帝乙将公主嫁于友邦，为两国人民带来福祉，元吉。帝乙，殷帝，帝纣父。归，嫁。祉，福祉。

《象》说：带来福祉元吉，正确处理双边关系以实现愿望。

上六，城复于隍，勿用师，自邑告命，贞吝。

《象》曰：城复于隍，其命乱也。

上六表示泰之上，物极必反，泰极否来。

《易》说：泰之上，两国关系在顷刻之间破裂，已无可挽回，如城墙瞬间倾覆于隍池。在此情况下，千万不可出兵。此时，本国会下令修复关系，但是实际上不可能做到，真去做，只会让自己尴尬。复，覆字的借字。隍，城池，有水叫池，无水叫隍。用师，用兵。贞，固。吝，尴尬。

《象》说：关系破裂，如城覆于隍，此乃天命，本国下达命令修复关系，此乃君命，天命与君命不一致。

一二　否

☷☰ 否之匪人，不利君子贞，大往小来。

《彖》曰：否之匪人，不利君子贞、大往小来，则是天地不交而万物不通也，上下不交而天下无邦也。内阴而外阳，内柔而外刚，内小人而外君子，小人道长，君子道消也。

《象》曰：天地不交，否，君子以俭德辟难，不可荣以禄。

否卦表示禁止通行的行为。禁止离不开说“不”，故卦名否。否是顺从于某个难以抗拒的力量，从而做出强硬的举措，因而是顺从和强硬的统一，分别由下卦坤和上卦乾表示。否在本质上是对某个力量的顺从，在表面上是强硬。不存在难以抗拒的力量，或虽然存在，但是不顺从于它，就没有否。存在难以抗拒的力量并且顺从于它，但是不作出强硬举措，否道不成。否的过程是一个顺从的过程，否的程度决定于强硬的程度

《易》说：正当的行动被禁止，到了非人的地步，不利君子坚持正义。一类行动被禁止，大行动过后，接下来是小行动。否音痞，不。匪，非。贞，正。

《彖》说：否之匪人，不利君子贞，大往小来，说的是禁止，禁止则不交。在自然界，天地不交而万物不通；在社会界，上下不交而天下无邦。禁止通行，内心阴柔而外表阳刚，内心柔顺而外表刚健，内心小人而外表君子，小人之道长，君子之道消。

《象》说：否的行为像天地不交，君子戒之，以俭德避难，不可炫耀财富地位。辟读作避。禄，俸禄。

初六，拔茅茹以其汇，贞吉，亨。

《象》曰：拔茅贞吉，志在君也。

初六表示否之初始。行动原本通行，现在禁止，需要将违禁之

物全部清除。

《易》说：否之初，将违禁之物全部清除，像拔茅草一样，连根整窝一起拔掉，不留残余，正吉，亨通。茅音矛，茅草。茹音如，茅根。汇，类。

《象》说：拔茅正吉，目的在于控制局面。

六二，包承，小人吉，大人否，亨。

《象》曰：大人否亨，不乱群也。

六二表示否的中期。犯禁。

《易》说：否之中，包容犯禁，顺而承之，小人犯禁吉，大人犯禁不吉，亨通。

《象》说：大人犯禁不吉亨通，因为大人不想乱群。

六三，包羞。

《象》曰：包羞，位不当也。

六三表示否的终期。继续犯禁。

《易》说：否之终，继续包容犯禁，心里感到羞愧。

《象》说：继续包容犯禁，心里感到羞愧，因为位不当。

九四，有命无咎。畴离祉？

《象》曰：有命无咎，志行也。

九四表示否之下，外部力量要求禁止。

《易》说：否之下，有命令要求禁止，执行命令，无咎。不执行就会失去福祉，谁能离开福祉？畴，谁。离，离开。祉，福祉。

《象》说：有命执行无咎，这样做志行。

九五，休否，大人吉。其亡其亡，系于苞桑！

《象》曰：大人之吉，位正当也。

九五表示否之中，内在力量要求禁止。

《易》说：否之中，实施完美的禁止，叫休否，只有大人能够做到，做到吉。要掉地上啦！要掉地上啦！那东西系于苞桑！休，美。亡，丢失。苞，花苞。桑，桑叶。

《象》说：大人这样做吉，因为位正当。

上九，倾否，先否后喜。

《象》曰：否终则倾，何可长也？

上九表示否之上，物极必反，否极泰来。

《易》说：否之上，禁止达到极限，就会倾覆，叫倾否，先心堵，后心喜。倾，倾覆。

《象》说：否终则倾，何可长久？

一三　同人

䷌ 同人于野，亨，利涉大川，利君子贞。

《彖》曰：同人，柔得位得中而应乎乾，曰同人。同人曰，同人于野、亨、利涉大川，乾行也。文明以健，中正而应，君子正也。唯君子为能通天下之志。

《象》曰：天与火，同人，君子以类族辨物。

同人卦表示使别人同意自己的行为。因为同为人，别人的思想总是可以理解的，故卦名同人。同人是努力将自己的思想传布出去，因而是宣传思想和努力的统一，分别由下卦离和上卦乾表示。同人在本质上是宣传思想，在表面上是努力。没有思想，或有思想而不宣传，就没有同人。宣传思想而不努力，别人不知道，同人之道不成。同人的过程是一个宣传思想的过程，同人的程度决定于努力的程度。一些人具有共同的思想，这些人就成为一类，与其他人不同。同人好办事，所以亨通。

《易》说：使别人同意自己，在很大一个范围内大家为同类，亨通，利做大事，利君子正。野，很远的地方。贞，正。

《象》说：同人，柔得位得中而应乎外表乾，叫同人。同人说，同人于野、亨、利涉大川，这是因为乾行。文明以健，中正而应，此为君子之正。唯君子为能通天下之志。

《象》说：同人的行为像天与火为一类，君子效法之，以分类分族，辨识事物。

初九，同人于门，无咎。

《象》曰：出门同人，又谁咎也？

初九表示同人的初始。在家门口同人。

《易》说：同人之初，在家门口使别人同意自己，无咎。

《象》说：出门就使别人同意自己，又谁咎呢？

六二，同人于宗，吝。

《象》曰：同人于宗，吝道也。

六二表示同人的中期。出了家门，到一个熟悉的地方同人。

《易》说：同人之中，在宗庙里使别人同意自己，吝。宗，宗庙。

《象》说：在宗庙里使别人同意自己，吝道而已。

九三，伏戎于莽，升其高陵，三岁不兴。

《象》曰：伏戎于莽，敌刚也；三岁不兴，安行也？

九三表示同人的终期。遇到别人反对，而自己却没有办法使其同意自己。

《易》说：同人之终，手拿兵器埋伏于草莽，凌驾于敌人之上，三年之内不能兴起。伏，伺。戎，兵器。莽，草莽。兴，起。

《象》说：伏戎于莽，因为敌人刚强。三岁不兴，又去哪里呢？

九四，乘其墉，弗克攻，吉。

《象》曰：乘其墉，义弗克也；其吉，则困而反则也。

九四表示同人之下。没有做到别人同意自己。

《易》说：同人之下，乘其墉，不进攻，吉。墉音庸，城墙。弗，不。克，能。

《象》说：乘其墉，其义不进攻。其吉，则是困而返回法则。

九五，同人，先号咷而后笑，大师克相遇。

《象》曰：同人之先，以中直也；大师相遇，言相克也。

九五表示同人之中。使别人同意了自己。

《易》说：同人之中，经过斗争，使别人同意了自己，先号咷，别人同意而后笑，如两支大军相遇，最后战胜了对方。号咷（音桃），呼鸣。师，军队。克，克制。

《象》说：同人之先号咷，以中直。大师相遇，说的是相克。

上九，同人于郊，无悔。

《象》曰：同人于郊，志未得也。

上九表示同人之上。很多人同意了自己。

《易》说：同人之上，在一个不小的范围内使大家同意了自己，无悔。郊，很远的地方，但是不及野远。

《象》说：在一个不小的范围内使大家同意了自己，其志范围比这更大。

一四　大有

䷍ 大有，元亨。

《彖》曰：大有，柔得尊位大中而上下应之，曰大有，其德刚健而文明，应乎天而时行，是以元亨。

《象》曰：火在天上，大有，君子以遏恶扬善，顺天休命。

大有卦表示文明行为。文明行为有人追随，如其所有，故卦名大有。大有是奋斗让人生放出光彩，因而是奋斗和光彩的统一，分别由下卦乾和上卦离表示。大有在本质上是奋斗，在表面上是绽放光彩。不奋斗就不能绽放光彩，也就没有大有。奋斗而没有放出光彩，大有之道不成。大有的过程是一个奋斗的过程，大有的程度决定于光彩的程度。

《易》说：一切文明行为，大亨。

《彖》说：大有，柔得尊位大中而上下应之，叫大有，其德刚健而文明，应乎天而时行，是以元亨。

《象》说：大有的行为像火在天上，君子效法之，以遏制邪恶，宣扬善良，顺应上天，休美使命。休，美。

初九，无交害，匪咎，艰则无咎。

《象》曰：大有初九，无交害也。

初九表示大有的初始。尚未有人。

《易》说：大有之初，未与世交，凶咎未生，艰则无咎。匪，非。

《象》说：大有初九，无交之害。

九二，大车以载，有攸往，无咎。

《象》曰：大车以载，积中不败也。

九二表示大有的中期。有人。

《易》说：大有之中，其有大车以载，有所往，无咎。

《象》说：大车以载，有积聚所以不败。

九三，公用亨于天子，小人弗克。

《象》曰：公用亨于天子，小人害也。

九三表示大有的终期。大有人。

《易》说：大有之终，公用此爻献贡于天子，小人不当此爻。公，古代诸侯称谓。亨读作享，献贡。弗，不。克，能。

《象》说：公用此爻献贡于天子，小人不当大有人，大有人是小人之害。

九四，匪其彭，无咎。

《象》曰：匪其彭无咎，明辩晢也。

九四表示大有之下，小德小明。

《易》说：大有之下，不骄满，无咎。匪，非。彭，骄满。晢音哲，明。

《象》说：不骄满无咎，明晢之举。

六五，厥孚交如，威如，吉。

《象》曰：厥孚交如，信以发志也；威如之吉，易而无备也。

六五表示大有之中，大德大明。

《易》说：大有之中，其信如交，仪态威严，吉。厥音觉，其。孚，信。威，威仪。

《象》说：其信如交，信以发志。威严之吉，易而无备。

上九，自天佑之，吉无不利。

《象》曰：大有上吉，自天佑也。

上九表示大有之上，至德至明。

《易》说：大有之上，自天佑之，吉无不利。

《象》说：大有上吉，因为自天佑之。

一五 谦

䷎ 谦，亨，君子有终。

《彖》曰：谦，亨。天道下济而光明，地道卑而上行。天道亏盈而益谦，地道变盈而流谦，鬼神害盈而福谦，人道恶盈而好谦。谦，尊而光，卑而不可逾，君子之终也。

《象》曰：地中有山，谦，君子以裒多益寡，称物平施。

谦卦表示谦虚、谦让的行为。谦是停止骄傲从而顺从别人，因而是止与顺从的统一，分别由下卦艮和上卦坤表示。谦在本质上是停止骄傲，在表面上是对别人顺从。没有对骄傲的停止就没有谦。停止骄傲而不顺从别人，谦道不成。谦的过程是一个停止骄傲的过程，谦的程度决定于顺从别人的程度。高傲的人难得善终，谦让的人总有善终。

《易》说：对人谦虚、谦让，亨通，只有君子能够真正做到，做到有善终。

《彖》说：谦，亨。天道下济而光明，地道卑而上行。天道亏盈而益谦，地道变盈而流谦，鬼神害盈而福谦，人道恶盈而好谦。谦，尊而光，卑而不可逾，此乃君子之终。

《象》说：谦的行为像地中有山，君子效法之，以减损多者，增益少者，称量物品，平均施予。裒音掊，减少。益，增加。称，称量。

初六，谦谦，君子用涉大川，吉。

《象》曰：谦谦君子，卑以自牧也。

初六表示谦的初始。尊重他人，对人礼貌，为人低调。

《易》说：谦之初，谦而又谦，叫谦谦，君子用此爻做大事，吉。

《象》说：谦谦君子，意思是以卑下要求自己。牧，养。

六二，鸣谦，贞吉。

《象》曰：鸣谦贞吉，中心得也。

六二表示谦的中期。心里有谦意，用语言表达出来。

《易》说：谦之中，用语言表达谦意，叫鸣谦，正吉。贞，正。

《象》说：鸣谦贞吉，因为心中有所得，需要用语言表达出来。中心，心中。

九三，劳谦，君子有终，吉。

《象》曰：劳谦君子，万民服也。

九三表示谦的终期。有功而不居功。

《易》说：谦之终，有功劳而不居，叫劳谦，只有君子能够做到，做到有善终，吉。

《象》说：劳谦君子，万民信服。

六四，无不利，㧑谦。

《象》曰：无不利㧑谦，不违则也。

六四表示谦之下。无论何时无论何地，保持谦虚谦让。

《易》说：谦之下，无所不用谦，叫㧑谦，无不利。㧑音挥，裂。

《象》说：无不利㧑谦，这样做不违背法则。

六五，不富以其邻，利用侵伐，无不利。

《象》曰：利用侵伐，征不服也。

六五表示谦之中。自己水平高于别人，不要求别人和自己一样高。

《易》说：谦之中，不要求别人的水平和自己一样高，是对别人的尊重。当他不服时，利用实际水平比别人高这一点侵伐他，无不利。

《象》说：利用侵伐，以征讨不服。

上六，鸣谦，利用行师征邑国。

《象》曰：鸣谦，志未得也，可用行师征邑国也。

上六表示谦之上。心里未必有谦意，但是为了顾全大局，必须用语言表示出谦意。

《易》说：谦之上，在必要的时候，用语言表示出谦意，也叫鸣谦，利用此爻行师征邑国。

《象》说：不得已鸣谦，这样做志未得，可用以行师征邑国。

一六　豫

䷏豫，利建侯行师。

《彖》曰：豫，刚应而志行。顺以动，豫。豫，顺以动，故天地如之，而况建侯行师乎？天地以顺动，故日月不过而四时不忒，圣人以顺动，则刑罚清而民服，豫之时义大矣哉！

《象》曰：雷出地奋，豫，先王以作乐崇德，殷荐之上帝，以配祖考。

豫卦表示顺应时机而采取行动的行为。顺应时机而采取行动，利于事先作好预备，故卦名豫，豫通预。豫是顺从和动的统一，分别由下卦坤和上卦震表示。豫在本质上是对时机的顺从，在表面上是动。没有对时机的顺从，就没有豫。有对时机的顺从而没有动，豫道不成。豫的过程是一个顺从时机的过程，豫的程度取决于动的时候和程度。

《易》说：事先作好预备，利做大小事情，包括建立诸侯、行师打仗。

《彖》曰：豫，上卦震刚，应乎下卦坤顺，而志行。顺以动，叫豫。豫，顺以动，故天地都这样，而何况建侯行师呢？天地以顺动，故日月不过而四时不忒，圣人以顺动，则刑罚清而民服，豫之时义大啊！

《象》说：豫的行为像雷出地奋，先王效法之，以作乐崇德，以盛大之礼荐于上帝，配于祖考。乐，音乐。殷，作乐之盛称殷。祖，父之父为祖。考，父为考。

初六，鸣豫，凶。

《象》曰：初六鸣豫，志穷凶也。

初六表示豫的初始。没有作预备。

《易》说：豫之初，未作预备，时机出现，应该动而不能动，惊慌失措以至于呼鸣，叫鸣豫，凶。

《象》说：初六鸣豫，志穷，没有想到，因而未作预备，所以凶。

六二，介于石，不终日，贞吉。

《象》曰：不终日贞吉，以中正也。

六二表示豫的中期。作了预备，并且抓住了时机。

《易》说：豫之中，及时作好了预备，时机一出现便识得，如石界一般确定，于是立即采取行动，从时机出现到采取行动不过当天，正吉。介，界。贞，正。

《象》说：不过当天正吉，因为中正。

六三，盱豫，悔，迟，有悔。

《象》曰：盱豫有悔，位不当也。

六三表示豫的终期。作了预备，但是失去了时机。

《易》说：豫之终，事先作好了预备，可是时机出现时却未立即识得，而是出现一段时间过后才识得，连忙采取行动以至于张目，叫盱豫，悔，采取行动迟则又悔。盱音需，张目。

《象》说：盱豫有悔，因为位不当。

九四，由豫，大有得，勿疑，朋盍簪。

《象》曰：由豫大有得，志大行也。

九四表示豫之下，有胆量，敢于冒险。

《易》说：豫之下，由于预备，时机出现后反应迅速而大有得，叫由豫。勿疑，接踵而来的朋友会很多很快。由，自。盍音盒，合。簪音糌，速。

《象》说：由豫大有得，这样做其志大行。

六五，贞疾，恒不死。

《象》曰：六五贞疾，乘刚也；恒不死，中未亡也。

六五表示豫之中，积极稳妥，不冒险。

《易》说：豫之中，时机出现后求稳妥而反应迟钝，如患病未及时治疗，落下固疾，久不死。贞，固。恒，久。

《象》说：六五落下固疾，因为乘刚。久不死，因为及时行动之心未灭亡。乘刚，乘柔性的马叫乘柔，乘刚性的马叫乘刚，乘柔马顺从于人，乘刚人顺从于马，这里的“马”指生活环境。

上六，冥豫，成有渝，无咎。

《象》曰：冥豫在上，何可长也？

上六表示豫之上，作了预备，但是时机并未出现。

《易》说：豫之上，一直作预备，白天作，晚上也作，未有停息，可是时机并没有出现，时间一长便产生懈怠，叫冥豫，成而改变，无咎。冥，幽。渝，变。

《象》说：冥豫懈怠，何可长久？

一七 随

䷐ 随，元亨，利贞，无咎。

《彖》曰：随，刚来而下柔，动而说，随。大亨、贞、无咎，而天下随时。随时之义大矣哉！

《象》曰：泽中有雷，随，君子以向晦入宴息。

随卦表示跟随的行为。心里有理想，但是不知道怎么做，于是看看别人怎么做。当别人所作所为符合自己理想时，就会觉得别人做的好，从而学着别人做，做的时候心里的情绪释放出来，从而感到喜悦，这样的行为叫随。随是追求理想和内心喜悦的统一，分别由下卦震和上卦兑表示。随在本质上是追求理想，在表面上是内心喜悦。没有理想就没有随。有理想而没有实现，心里不喜悦，随道不成。随的过程是一个追求理想的过程，随的程度决定于内心喜悦的程度。

《易》说：随，大亨，利正，无咎。贞，正。

《彖》说：随，震刚兑柔，刚来而下柔。动而悦，叫随。大亨、贞、无咎，而天下随时。随时之义大啊！说读作悦。

《象》说：随的行为像泽中有雷，君子效法之，以宴请寝息一律在夜间进行。

初九，官有渝，贞吉，出门交，有功。

《象》曰：官有渝，从正吉也；出门交有功，不失也。

初九表示随的初始。解放思想，改变观念，拓展视野。

《易》说：随之初，老观念发生改变，正吉，出门与人交往，有功。渝，变。贞，正。

《象》说：改变老观念而从正，这样做吉。出门与人交往有功，这样做不失策。

六二，系小子，失丈夫。

《象》曰：系小子，弗兼与也。

六二表示随的中期。视野狭窄，所选择的往往不是最佳目标。

《易》说：随之中，选择小子，失去丈夫。

《象》说：选择小子，必然失去丈夫，因为不可能既随小子又随丈夫。

六三，系丈夫，失小子。随有求，得，利居贞。

《象》曰：系丈夫，志舍下也。

六三表示随的终期。视野广阔，这时作出的选择比较理想。

《易》说：随之终，选择丈夫，失去小子，随有求，得其所求，利居正，相当长一段时期内不改变选择。

《象》说：选择丈夫，其志舍下。选择丈夫为上，选择小子为下。

九四，随有获，贞凶。有孚在道，以明何咎？

《象》曰：随有获，其义凶也；有孚在道，明功也。

九四表示随之下。理想决定随。理想为有获，就会随有获。

《易》说：随之下，哪里有获，就跟随到哪里，叫随有获，久凶。君子获得以道，这叫明德，以道取之，哪来咎？贞，久。孚，信。

《象》说：随有获，其义凶。有孚在道，明之功。

九五，孚于嘉，吉。

《象》曰：孚于嘉吉，位正中也。

九五表示随之中，理想是嘉，就会随嘉。

《易》说：随之中，坚信于嘉，吉。嘉，善。

《象》说：坚信于嘉，因为位正中。

上六，拘系之，乃从维之，王用亨于西山。

《象》曰：拘系之，上穷也。

上六表示随之上。没有理想，就不随。要其随，除了强迫，别无它法。

《易》说：随之上，本不从，拘系之，乃从之，王用此爻宴请诸侯于西山。拘，止。维，无义之辞。亨读作享，宴请。

《象》说：强迫其随，随之上穷。

一八 蛊

䷑ 蛊，元亨，利涉大川。先甲三日，后甲三日。

《彖》曰：蛊，刚上而柔下。巽而止，蛊。蛊，元亨，而天下治也。利涉大川，往有事也。先甲三日，后甲三日，终则有始，天行也。

《象》曰：山下有风，蛊，君子以振民育德。

蛊卦表示受到蛊惑的行为。思想上接受了某个观念，行动上就会止于该观念所框定的范围，这样的现象叫蛊。蛊是接受和止的统一，分别由下卦巽和上卦艮表示。蛊在本质上是接受了某个思想观念，在表面上是有所止。没有接受思想观念就没有蛊。接受了某个思想观念而不止于该思想观念所框定的范围，蛊道不成。蛊的过程是一个对某个思想观念接受的过程，蛊的程度决定于止于该思想观念所框定范围的程度。受到某个思想观念的蛊惑，做有关事情就会觉得有理，所以大亨，尤其利做大事。接受了某个思想观念，就能够自觉抵御其它思想观念的冲击。做一件事情心里怀有一个思想观念，当这件事情终结开始做另一件事时，心里又被另一个思想观念占领。这样的情况如木戴甲，先戴此甲三日，后戴彼甲三日。

《易》说：受到蛊惑，大亨，利做大事，先甲三日，后甲三日。蛊音古，蛊惑。

《彖》说：蛊，艮刚巽柔，刚上而柔下。巽而止，叫蛊。蛊，元亨，而天下治理。利涉大川，意思是往有事。先甲三日，后甲三日，意思是终则有始，天行如此。

《象》说：蛊的行为像山下有风，君子效法之，以振奋民心，培育品德。

初六，干父之蛊，有子考，无咎，厉，终吉。

《象》曰：干父之蛊，意承考也。

初六表示蛊的初始。每个人的思想观念不同。后任一般会认为前任的做法有一些是错误的，从而一上任就着手纠正这些错误。

《易》说：蛊之初，按照自己的思想观念去纠正父亲所做的错事，叫干父之蛊。子能干父之蛊，说明子优秀。父亲有这样的子，应该感到骄傲。无咎，厉，终吉。考，父为考。厉，危险。

《象》说：干父之蛊，意思是子能继承父业。

九二，干母之蛊，不可贞。

《象》曰：干母之蛊，得中道也。

九二表示蛊的中期。后任发现前任的错误存在一定的合理性，因而在纠正的时候有所保留，并不那么固执、那么彻底。

《易》说：蛊之中，按照自己的思想观念去纠正母亲所做的错事，叫干母之蛊，不可固执。贞，固。

《象》说：干母之蛊，表明已得中道。

九三，干父之蛊，小有悔，无大咎。

《象》曰：干父之蛊，终无咎也。

九三表示蛊的终期。后任看待前任的错误有一些纠结，但是最终还是进行了纠正。

《易》说：蛊之终，干父之蛊，小有悔，无大咎。

《象》说：干父之蛊，终无咎。

六四，裕父之蛊，往见吝。

《象》曰：裕父之蛊，往未得也。

六四表示蛊之下。后任对于前任的错误，采取宽大的态度不加以纠正。

《易》说：蛊之下，知道父亲做的事不对，不加以纠正，叫裕父之蛊，一遇上那件事就会出现尴尬。裕音欲，宽容。见读作现。

《象》说：裕父之蛊，遇上父亲做得不对的事未得。

六五，干父之蛊，用誉。

《象》曰：干父用誉，承以德也。

六五表示蛊之中。后任对于前任的错误，努力加以纠正。

《易》说：蛊之中，干父之蛊，运用荣誉的手段。

《象》说：荣誉利于道德传承，可用于干父之蛊。

上九，不事王侯，高尚其事。

《象》曰：不事王侯，志可则也。

上九表示蛊之上。受蛊极深，宁可不事王侯。

《易》说：蛊之上，不做王侯的事，做高尚的事。认为世界上存在高尚与低贱，这是一种蛊。

《象》说：不做王侯的事，做高尚的事，这样的志气值得学习。

一九　临

䷒ 临，元亨，利贞，至于八月有凶。

《彖》曰：临，刚浸而长，说而顺，刚中而应，大亨以正，天之道也。至于八月有凶，消不久也。

《象》曰：泽上有地，临，君子以教思无穷，容保民无疆。

临卦表示莅临的行为，以大临小为临。临是通过顺从别人释放思想感情，因而是释放和顺从的统一，分别由下卦兑和上卦坤表示。临在本质上是思想感情的释放，在表面上是对别人的顺从。没有释放就没有临。有释放而没有顺从，临道不成。临的过程是一个释放的过程，临的程度决定于顺从的程度。思想感情最多至于八个月释放殆尽而有凶。

《易》说：临，大亨，利正，至于八月有凶。贞，正。

《彖》说：临，阳刚之气浸而长，悦而顺，刚中而应乎外表柔，所以大亨以正，天之道如此。至于八月有凶，意味着消不长久。说读作悦。

《象》说：临的行为像泽上有地，君子效法之，以莅临群众，教民无穷，思民无穷，容民无疆，保民无疆。

初九，咸临，贞吉。

《象》曰：咸临贞吉，志行正也。

初九为临的初始。刚开始的释放充满力量，使人感动。

《易》说：临之初，临引起感动，叫咸临，正吉。咸，感。

《象》说：咸临正吉，因为志行都正。

九二，咸临，吉，无不利。

《象》曰：咸临吉无不利，未顺命也。

九二表示临的中期。释放的力量仍然不减，可以继续使人感动。

《易》说：临之中，临继续引起感动，吉，无不利。

《象》说：咸临吉无不利，因为所临者未顺命。

六三，甘临，无攸利，既忧之，无咎。

《象》曰：甘临，位不当也；既忧之，咎不长也。

六三表示临的终期。释放将尽，失去力量。

《易》说：临之终，甘于其临，叫甘临，无攸利，既忧之，无咎。

《象》说：甘临无攸利，因为位不当。既然担忧此事，其咎不长。

六四，至临，无咎。

《象》曰：至临无咎，位当也。

六四表示临之下，亲临之。

《易》说：临之下，亲临之，叫至临，无咎。

《象》说：至临无咎，因为位当。

六五，知临，大君之宜，吉。

《象》曰：大君之宜，行中之谓也。

六五表示临之中，用智慧临之。

《易》说：临之中，以智慧临之，叫知临，适宜于大君，吉。

《象》说：大君之宜，这叫行中。

上六，敦临，吉，无咎。

《象》曰：敦临之吉，志在内也。

上六表示临之上，多次临之。

《易》说：临之上，多次临之，叫敦临，吉，无咎。敦，勉。

《象》说：敦临之吉，因为其志在内。

二〇　观

䷓ 观，盥而不荐，有孚颙若。

《彖》曰：大观在上，顺而巽，中正以观天下。观，盥而不荐、有孚颙若，下观而化也。观天之神道而四时不忒，圣人以神道设教而天下服矣。

《象》曰：风行地上，观，先王以省方，观民设教。

观卦表示观察的行为。观察事物，是顺从于它从而逐渐理解接受它，因而观是顺从和接受的统一，分别由下卦坤和上卦巽表示。观在本质上是顺从于事物，在表面上是接受事物。不顺从于事物就不能观察事物。顺从于事物而不接受事物，观道不成。观的过程是一个顺从的过程。观的程度决定于对事物接受的程度。不接受的事物只能观其表面，无法深入。越接受，观察越深入。因此，当我们观察事物时，我们实际上是在努力理解接受它，这就是为什么说观是教育和宗教的本源。

《易》说：祭祀典礼中，最值得一观的是盥的仪式，而不是荐的仪式，其过程充满信仰，神态庄严，好像头脑膨胀一般。盥音灌，浇水洗手。荐，进献。孚，信。颙音永，大头。

《彖》说：大观在上，顺而巽，中正以观天下。观，盥而不荐、有孚颙若，意思是下观而化。观天之神道而四时不忒，圣人以神道设教而天下服。

《象》说：观的行为像风行地上，先王效法之，以省视四方，观察民意，设立教化。

初六，童观，小人无咎，君子吝。

《象》曰：初六童观，小人道也。

初六表示观的初期。观察肤浅片面。

《易》说：观之初，观察不深入、不全面，得到的见解幼稚可笑，叫童观，小人这样做无咎，君子这样做吝。

《象》说：初六童观，小人之道。

六二，窥观，利女贞。

《象》曰：窥观女贞，亦可丑也。

六二表示观的中期。观察深入但片面。

《易》说：观之中，观察深入，但不全面，得到的见解不过是一管之见、片面之见，叫窥观，此为女人之道，利女正。窥音葵，从小孔或缝隙中偷看。贞，正。

《象》说：童观可丑，窥观也可丑。

六三，观我生，进退。

《象》曰：观我生进退，未失道也。

六三表示观的终期。观察深入全面。

《易》说：观之终，观察既深入又全面，可用以观察别人的人生，决定自己的进退。

《象》说：以人为鉴，可以知进退，这样做未失道。

六四，观国之光，利用宾于王。

《象》曰：观国之光，尚宾也。

六四表示观之下。观察事物看事物的表面。

《易》说：观之下，观国之光，利用此爻作客于王。

《象》说：观国之光，利用作客于王，因为王礼尚宾客。

九五，观我生，君子无咎。

《象》曰：观我生，观民也。

九五表示观之中。中正以观天下。

《易》说：观之中，中正地观察别人的一生，只有君子能做到，做到无咎。

《象》说：观我生，意思是观别人。

上九，观其生，君子无咎。

《象》曰：观其生，志未平也。

上九表示观之上。中正以观自己。

《易》说：观之上，中正地看待自己的一生，只有君子能做到，做到无咎。

《象》说：中正观察自己的人生，志未能平复。

二一　噬嗑

䷔ 噬嗑，亨，利用狱。

《彖》曰：颐中有物，曰噬嗑。噬嗑而亨，刚柔分，动而明，雷电合而章，柔得中而上行。虽不当位，利用狱也。

《象》曰：雷电，噬嗑，先王以明罚敕法。

噬嗑卦表示使行动符合要求的行为。使行动符合要求，好比嘴里有物，咬而合，故卦名噬嗑。噬嗑是调整改变自己使行动符合要求，分别由下卦震和上卦离表示。噬嗑在本质上是调整改变自己，在表面上是使行动符合要求。不调整改变自己就不能使行动符合要求，就没有噬嗑。调整改变自己而不符合要求，噬嗑之道不成。噬嗑的过程是一个调整改变自己的过程，噬嗑的程度决定于符合要求的程度。

《易》说：噬嗑，亨通，利用狱。噬音筮，咬。嗑音合，合。

《彖》说：颐中有物，叫噬嗑。噬嗑而亨，因为刚柔分，动而明，雷电合而章，柔得中而上行。虽不当位，但利用狱。

《象》说：噬嗑的行为像雷电，先王效法之，以宣明罚章，颁敕法律，使人民的行为符合规章法律要求。

初九，屦校灭趾，无咎。

《象》曰：屦校灭趾，不行也。

初九表示噬嗑的初始。在明白要求之前，不要采取行动。

《易》说：噬嗑之初，给脚穿上刑具淹没了足趾，无咎。屦音句，履。屦校，一种刑具。灭，淹没。趾，足趾。

《象》说：穿上刑具淹没了足趾，就一步也走不动了。

六二，噬肤灭鼻，无咎。

《象》曰：噬肤灭鼻，乘刚也。

六二表示噬嗑的中期。调整改变自己，行动对满足要求有过之而无不及。

《易》说：噬嗑之中，行动就像吃一大块肥肉淹没了鼻孔，无咎。肤，肉鲜肥美叫肤。

《象》说：吃肥肉淹没了鼻孔，因为乘刚。乘柔性的马叫乘柔，乘刚性的马叫乘刚，乘柔马顺从于人，乘刚人顺从于马，这里的“马”指行动环境。

六三，噬腊肉遇毒，小吝，无咎。

《象》曰：遇毒，位不当也。

六三表示噬嗑的终期。调整改变自己，行动没有达到要求。

《易》说：噬嗑之终，行动就像吃一块昔肉而遇毒，小吝，无咎。腊同昔，音夕，昨日的残肉，今日太阳晒干，叫昔。

《象》说：吃昔肉遇毒，因为位不当。

九四，噬干胏，得金矢，利艰贞，吉。

《象》曰：利艰贞吉，未光也。

九四表示噬嗑之下。不适合指定任务，行动符合要求艰难。

《易》说：噬嗑之下，行动像吃干胏，得金矢，利艰贞，吉。胏音姊，食所遗，很细小的肉。金矢，金属制作的矢，在古代为稀有之物。贞，正。

《象》说：利艰贞吉，因为不适合。

六五，噬干肉，得黄金，贞厉，无咎。

《象》曰：贞厉无咎，得当也。

六五表示噬嗑之中。适合指定任务，行动符合要求容易。

《易》说：噬嗑之中，行动像吃干肉，得黄金，贞厉，无咎。贞，久。厉，危险。

《象》说：贞厉无咎，因为适合。

上九，何校灭耳，凶。

《象》曰：何校灭耳，聪不明也。

上九表示噬嗑之上。行动不符合要求，却不听人忠告。

《易》说：噬嗑之上，戴上刑具淹没了耳朵，凶。何读作荷，戴。

《象》说：戴上刑具淹没了耳朵，就一句也听不见了。

二二　贲

䷕ 贲，亨，小利有攸往。

《彖》曰：贲，亨。柔来而文刚，故亨。分刚上而文柔，故小利有攸往。天文也。文明以止，人文也。观乎天文，以察时变；观乎人文，以化成天下。

《象》曰：山下有火，贲，君子以明庶政，无敢折狱。

贲卦表示文饰的行为。文饰简称文。日月星辰为天之文，语言、文字、文学、艺术等为人之文。贲在本质上是把事物的美用艺术的形式表达出来，在表面上是止于美，前者由下卦离表示，后者由上卦艮表示。不爱美、不懂美、不会美就没有贲，爱美懂美会美而不止于美，贲道不成。贲的过程是一个艺术表达的过程，贲的程度决定于止于美的程度。

《易》说：文饰，有的亨通，有的小利有所往。贲音必，饰。

《彖》说：贲，亨。柔来而文刚，亨。刚上而文柔，小利有攸往。天文也。文明以止，人文也。观乎天文，以察时变；观乎人文，以化成天下。

《象》说：贲的行为像山下有火，君子效法之，以明庶政，无敢折狱。庶，众。折，断。

初九，贲其趾，舍车而徒。

《象》曰：舍车而徒，义弗乘也。

初九为贲的初始。文饰的水平低。

《易》说：贲之初，文饰足趾，舍车不乘而徒步行走，好让别人看见。

《象》说：舍车而徒，其义不乘车。弗，不。

六二，贲其须。

《象》曰：贲其须，与上兴也。

六二为贲的中期。文饰的水平高。

《易》说：贲之中，文饰胡须，进出大家都能看到。

《象》说：文饰胡须，爱美向上之心兴起。兴，起。

九三，贲如濡如，永贞吉。

《象》曰：永贞之吉，终莫之陵也。

九三表示贲的终期。文饰的水平达到最高。

《易》说：贲之终，效果美丽，如水沾湿一般，永正吉。濡音儒，沾湿。贞，正。

《象》说：永正之吉，意思是终不受欺凌。陵，欺凌。

六四，贲如皤如，白马翰如，匪寇婚媾。

《象》曰：六四当位，疑也；匪寇婚媾，终无尤也。

六四表示贲之下。盛装打扮。

《易》说：贲之下，盛贲，一身打扮得像老人头发一样白，所骑白马打扮得像翰一样文彩斑斓，本来是朋友，却误以为敌人。皤音鄱，老人白。翰，天鸡，一名山鸡，一名晨风，周成王时蜀人献之。

《象》说：六四的情况，有条件盛装打扮，疑心别人不喜欢素装，所以盛装出席，结果被误以为敌人，然而最终不会有过失。尤，过失。

六五，贲于丘园，束帛戋戋，吝，终吉。

《象》曰：六五之吉，有喜也。

六五表示贲之中。简单打扮。

《易》说：贲之中，戋贲，山丘上的果园本已很美，再束少许丝织饰品作为点缀，会显得更加美丽，吝，终吉。丘，土山。园，果园。戋音尖。戋戋，少。帛，丝织品的总称。

《象》说：六五之吉，意思是有喜。

上九，白贲，无咎。

《象》曰：白贲无咎，上得志也。

上九表示贲之上。不打扮。

《易》说：贲之上，自然美，不加一点文饰，叫白贲，无咎。

《象》说：白贲无咎，因为上九得志。

二三 剥

䷖ 剥，不利有攸往。

《彖》曰：剥，剥也，柔变刚也。不利有攸往，小人长也。顺而止之，观象也。君子尚消息盈虚，天行也。

《象》曰：山附于地，剥，上以厚下安宅。

剥卦表示剥的行为。物之皮被剥，其身将烂。剥一个人是顺从于他的某个要求，一点一点地改变他而不使他察觉，因而是顺从和不使察觉的统一，分别由下卦坤和上卦艮表示。剥在本质上是顺从于人，在表面上是不使人察觉。不顺从于人就没有剥。顺以改变人的时候被察觉，剥道不成。剥的过程是一个顺从的过程，剥的程度取决于不使察觉的程度。

《易》说：剥，不利有所往。

《彖》说：剥就是剥，也就是柔改变刚。不利有攸往，因为小人之道长。顺而止之，以便观察现象。君子尚消息盈虚，因为天行如此。

《象》说：剥的行为像山附于地，上戒之，以把地基打牢，把底下作厚，建筑宅屋，可以安身。

初六，剥床以足，蔑贞凶。

《象》曰：剥床以足，以灭下也。

初六为剥的初始。灭下。

《易》说：剥之初，剥床及足，蔑视正义凶。床，安身的几坐。以，及。蔑音灭，无。贞，正。

《象》说：剥床及足，意在灭下。

六二，剥床以辨，蔑贞凶。

《象》曰：剥床以辨，未有与也。

六二表示剥的中期。灭中。

《易》说：剥之中，剥床及辨，蔑视正义凶。辨，足之上，身之下。

《象》说：剥床及辨，意思是使其未有党与。与，党与。

六三，剥之，无咎。

《象》曰：剥之无咎，失上下也。

六三表示剥的终期。灭上。

《易》说：剥之终，剥之，无咎。

《象》说：剥之无咎，意思是使失其上下。

六四，剥床以肤，凶。

《象》曰：剥床以肤，切近灾也。

六四表示剥之下。剥近察觉。

《易》说：剥之下，剥床触及皮肤，凶。

《象》说：剥床触及皮肤，这样做切近灾祸。

六五，贯鱼，以宫人宠，无不利。

《象》曰：以宫人宠，终无尤也。

六五表示剥之中。剥不仅未被察觉，反而受宠。

《易》说：剥之中，剥一个人，反被他贵以贯鱼，宠以宫人，无不利。

《象》说：像宫人一样受宠，这样做终无过失。尤，过失。

上九，硕果不食。君子得舆，小人剥庐。

《象》曰：君子得舆，民所载也；小人剥庐，终不可用也。

上九表示剥之上。不剥尽。

《易》说：剥之上，与其硕果剥尽，无所食用，不如剥而不尽，君子因而得舆，小人剥尽其庐而失其所覆。舆，车。

《象》说：君子剥而不尽，所以得所载。小人剥庐，最终不可用。

二四　复

䷗ 复，亨，出入无疾，朋来无咎。反复其道，七日来复。利有攸往。

《彖》曰：复，亨。刚反，动而以顺行，是以出入无疾、朋来无咎。反复其道、七日来复，天行也。利有攸往，刚长也。复，其见天地之心乎？

《象》曰：雷在地中，复，先王以至日闭关，商旅不行，后不省方。

复卦表示返复的行为，包括康复、恢复、修复、复原等。从原点出发，经过一段路程以后，折反方向，顺以返回原点，叫复，分别由下卦震和上卦坤表示。复在本质上是方向折反，在表面上是顺。不折反方向就没有复，方向折反而不顺，就不能返回原点，复道不成。复的过程是一个方向折反的过程，复的程度决定于顺的程度。

《易》说：复，亨通，出入无疾，朋友到来无咎。返复其道，七日之内来复可以复原。利有所往。反读作返。

《彖》说：复，亨。刚返，动而以顺行，是以出入无疾、朋来无咎。反复其道、七日来复，天行如此。利有攸往，因为刚之道长。复，由此可见天地之心吗？

《象》说：复的行为像雷在地中，先王效法之，以定时闭关修省，商旅不行，不视察地方。

初九，不远复，无祇悔，元吉。

《象》曰：不远之复，以修身也。

初九表示复的初始。其出不远，很容易返复。

《易》说：复之初，离原点不远而复，叫不远复，无悔，元吉。祇音支，无义之辞。

《象》说：思想上的不远复，修身能够做到。

六二，休复，吉。

《象》曰：休复之吉，以下仁也。

六二表示复的中期。其出已远，但是肯定能够返复。

《易》说：复之中，离原点已远，完美而复，叫休复，吉。

《象》说：思想上的休复，在仁人的指导下能够做到。

六三，频复，厉，无咎。

《象》曰：频复之厉，义无咎也。

六三表示复的终期。其出太远，有可能不能返复。

《易》说：复之终，离原点太远，濒临不复的边缘，最终复，叫濒复，危险，无咎。频音宾，今濒字。厉，危险。

《象》说：因为濒临不复的边缘，所以危险，又因为最终复，所以无咎。

六四，中行独复。

《象》曰：中行独复，以从道也。

六四表示复之下。没人帮助，独立返复。

《易》说：复之下，行进中独立返复。

《象》说：行中独复，目的在于从道。

六五，敦复，无悔。

《象》曰：敦复无悔，中以自考也。

六五表示复之中。下力气返复。

《易》说：复之中，下力气返复，叫敦复，无悔。敦，勉。

《象》说：敦复无悔，复之中的做法是经常自我考察，看看有没有偏离正轨，偏离则复，未偏离则继续。

上六，迷复，凶，有灾眚，用行师，终有大败，以其国君凶，至于十年不克征。

《象》曰：迷复之凶，反君道也。

上六为复之上。距离原点实在太远，以至于迷失方向，找不到返复的道路，最后回不到原点。

《易》说：复之上，迷失其道，不得其复，叫迷复，有灾眚，用以行师，终有大败，凶及其国君，至于十年不能征战。眚音省，目生翳。克，能。

《象》说：迷复之凶，因为违反君道。

二五　无妄

䷘ 无妄，元亨，利贞，其匪正有眚，不利有攸往。

《彖》曰：无妄，刚自外来而为主于内，动而健，刚中而应，大亨以正，天之命也。其匪正有眚、不利有攸往，无妄之往，何之矣？天命不祐，行矣哉！

《象》曰：天下雷行，物与无妄，先王以茂对时育万物。

无妄卦表示对结果不存妄想的行为。对结果不存妄想，意味着其动纯粹出于本性。纯粹出于本性的动刚健有力，这样的动叫无妄之动。无妄是无妄之动和刚健的统一，分别由下卦震和上卦乾表示。无妄在本质上是无妄之动，在表面上是刚健有力。没有无妄之动，就没有无妄。有无妄之动而没有刚健，无妄之道不成。无妄的过程是一个动的过程，无妄的程度决定于刚健的程度。

《易》说：无妄，大亨，利贞，其非正则有眚，不利有所往。贞，正。匪，非。眚音省，目生翳。

《彖》说：无妄，震刚自外来而为主于内，动而健，刚中而应乎外表乾，所以大亨以正，天命如此。其匪正有眚、不利有攸往，无妄之往，去哪里呢？天命不佑，那就离开吧！

《象》说：无妄的行为像天下雷行，先王效法之，以在对的时节培育万物。

初九，无妄往，吉。

《象》曰：无妄之往，得志也。

初九表示无妄的初始。无妄往或无妄之往指无妄之动。

《易》说：无妄之初，无妄往，吉。

《象》说：无妄之往，这样做得志。

六二，不耕获，不菑畬，则利有攸往。

《象》曰：不耕获，未富也。

六二表示无妄之中期。无妄之动使人达到某个状态，这个状态如果不好则利再来一个无妄之动。

《易》说；无妄之中，开垦一块荒地耕种当年没有收成，第二年舍弃不再耕种，去另一个地方开垦。菑音兹，已经开垦了一年的田地。畬音余，开垦过两年的田地。

《象》说：开垦荒地耕种没有收成，表明未富裕。

六三，无妄之灾。或系之牛，行人之得，邑人之灾。

《象》曰：行人得牛，邑人灾也。

六三表示无妄的终期。无妄之动使人达到的状态如果好，则倾向于保持这个状态不变，可是这样下去可能出现灾害，这样的灾害叫无妄之灾。

《易》说：无妄之终，遭遇无妄之灾。村民系牛于道旁，行人随手牵走，对牛的主人来说就是无妄之灾。邑人，村民。

《象》说：行人将牛牵走，村民遭遇灾害。

九四，可贞，无咎。

《象》曰：可贞无咎，固有之也。

九四表示无妄之下。无妄之动使人达到的状态好，可以长期保持这个状态不改变。

《易》说：无妄之下，可以长久，无咎。贞，久。

《象》说：可久无咎，这是其性质所固有的。

九五，无妄之疾，勿药有喜。

《象》曰：无妄之药，不可试也。

九五表示无妄之中。无妄之动使人达到的状态一般，虽然有一些小毛病，但是可以承受，这样的毛病叫无妄之疾。

《易》说：无妄之中，有无妄之疾，勿药有喜。

《象》说：医治无妄之疾的药，不可尝试。

上九，无妄行，有眚，无攸利。

《象》曰：无妄之行，穷之灾也。

上九表示无妄之上。无妄之动使人达到的状态不好，不得已又会接着来一个无妄之动。一个接一个的无妄之动就像行走一样，叫无妄行或无妄之行。

《易》说：无妄之上，无妄行就像有眚一样，无攸利。眚音省，目生翳。

《象》说：无妄之行，这是其穷之灾。

二六　大畜

☶☰ 大畜，利贞，不家食吉，利涉大川。

《彖》曰：大畜，刚健、笃实、辉光、日新其德、刚上而尚贤。能止健，大正也。不家食吉，养贤也。利涉大川，应乎天也。

《象》曰：天在山中，大畜，君子以多识前言往行，以畜其德。

大畜卦表示畜积德行的行为。其所畜大，故卦名大畜。大畜是一方面努力畜积知识、才能、素质，另一方面采取措施停止做不利畜积的事情，因而是努力畜积和停止不利畜积的统一，分别由下卦乾和上卦艮表示。大畜在本质上是努力畜积，在表面上是采取措施停止做不利畜积的事情。不努力就没有大畜，努力畜积而同时做不利畜积的事情，大畜之道不成，大畜的过程是一个努力的过程。停止做不利畜积的事情越多，畜积越多。

《易》说：畜积德行，利正，不在家食用吉，成功以后利做大事。贞，正。

《彖》说：大畜，刚健、笃实、辉光、日新其德、刚上而尚贤。能止健，因为大正。不家食吉，为了养贤。利涉大川，因为应乎天。

《象》说：大畜的行为像天在山中，君子效法之，以多认识前人的言论、过往的行为，以畜其德。

初九，有厉，利已。

《象》曰：有厉利已，不犯灾也。

初九表示大畜之初始。开始采取措施，注意观察效果。

《易》说：大畜之初，一旦出现危险，利于暂时终止。厉，危险。已，止。

《象》说：出现危险暂时终止，这样做不犯灾。

九二，舆说輹。

《象》曰：舆说輹，中无尤也。

九二表示大畜的中期。一方面是要求，另一方面是习性，二者形成对立。

《易》说：大畜之中，出现对立，如舆脱輹。舆，车中载人的部分。说读作脱。

《象》说：舆脱輹，意味着中无过失。尤，过失。

九三，良马逐，利艰贞，曰闲舆卫，利有攸往。

《象》曰：利有攸往，上合志也。

九三表示大畜的终期。习性纠正以后，大畜走上健康轨道。

《易》说：大畜之终，野马训练成了良马，相互追逐，利艰贞，这些马可以说是闲，也可以说是舆，还可以说是卫，利有所往。曰，说。闲，阑，这里指边防。舆音与，车，这里指供人乘。卫，宿卫。

《象》说：利有所往，意味着符合意志，合志为上。

六四，童牛之牿，元吉。

《象》曰：六四元吉，有喜也。

六四表示大畜之下，措施不严格。

《易》说：大畜之下，牛在幼童时，在其角上安置一块横木，以警告世人会触人，长大以后能耕田，元吉。牿读作告，牛触人，角著横木，所以告人。

《象》说：六四元吉，意思是有喜。

六五，豶豕之牙，吉。

《象》曰：六五之吉，有庆也。

六五表示大畜之中，措施严格。

《易》说：大畜之中，公豕刚生下来时，将其獠牙剪短以免伤人，长大以后能为人提供肉食。吉。豶音焚，雄性的牲畜。豕音史，猪。

《象》说：六五之吉，意思是有庆。

上九，何天之衢，亨。

《象》曰：何天之衢，道大行也。

上九表示大畜之上，措施极严格。

《易》说：大畜之上，训练出的人才可以担任诸多工作，如荷天之衢，四方通达。何读作荷，负荷。衢音渠，四达谓之衢。

《象》说：荷天之衢，四方通达，大畜之道大行如此。

二七　颐

䷚ 颐，贞吉，观颐，自求口实。

《彖》曰：颐，贞吉，养正则吉也。观颐，观其所养也。自求口实，观其自养也。天地养万物，圣人养贤以及万民，颐之时大矣哉！

《象》曰：山下有雷，颐，君子以慎言语、节饮食。

颐卦表示养的行为。言语养精神，饮食养身体，二者均离不开颐，故卦名颐。颐是既不能没有欲望，又不能让欲望失去控制，因而是欲望和止两个相互矛盾力量的统一，分别由下卦震和上卦艮表示。颐在本质上是欲望在起作用，在表面上是对欲望进行控制。没有欲望，就没有颐。有欲望而没有控制，颐道不成。颐的过程是一个欲望产生动的过程，颐的程度决定于控制欲望的程度。无论养自己，还是养别人，正则吉。一个人是不是正人君子，一看其所养，二看其自养。

《易》说：颐，正吉，观其所养，观其自养。颐音移，面颊。贞，正。

《彖》说：颐，贞吉，意思是养正则吉。观颐，意思是观其所养。自求口实，意思是观其自养。天地养万物，圣人养贤以及万民，颐之时大啊！

《象》说：颐的行为像山下有雷，君子效法之，以慎言语、节饮食。

初九，舍尔灵龟，观我朵颐，凶。

《象》曰：观我朵颐，亦不足贵也。

初九表示颐的初始。欲望兴起。

《易》说：颐之初，舍弃自己的灵龟，观看别人大吃大嚼，凶。朵颐，大吃大嚼。

《象》说：观看别人大吃大嚼，这样做也不足贵。

六二，颠颐，拂经于丘颐，征凶。

《象》曰：六二征凶，行失类也。

六二表示颐的中期。欲望旺盛。

《易》说：颐之中，颠坠欲望，在欲望经过像山丘一样的小高峰的地方进行拂击，征凶。颠，颠坠。拂音弗，过击。经，径。丘，土丘。

《象》说：六二征凶，因为行为失善。类，善。

六三，拂颐，贞凶，十年勿用，无攸利。

《象》曰：十年勿用，道大悖也。

六三表示颐的终期。欲望达到极致。

《易》说：颐之终，欲望像洪水泛滥不可止，不得不拂击它，但是已经没有一点作用，久凶，十年勿用，无攸利。贞，久。

《象》说：十年勿用，因为与颐道大相背离。悖音背，逆。

六四，颠颐，吉，虎视眈眈，其欲逐逐，无咎。

《象》曰：颠颐之吉，上施光也。

六四表示颐之下。止欲望的力度小，有欲望，能控制。

《易》说：颐之下，颠坠欲望，吉。一只虎面前出现一个动物，它把眼前的食物看了一遍又一遍，内心的欲望相逐一遍又一遍，但是最终还是控制住自己，没有采取行动，无咎。眈，视近而志远。

《象》说：颠坠欲望吉，因为颐道的关键在止，止的施行发挥了作用，此为上。

六五，拂经，居贞吉，不可涉大川。

《象》曰：居贞之吉，顺以从上也。

六五表示颐之中。止欲望的力度大，欲望控制得很好。

《易》说：颐之中，在欲望经过的地方进行拂击，居正吉，不可做大事。贞，正。

《象》说：居贞之吉，因为顺以从上。

上九，由颐，厉，吉，利涉大川。

《象》曰：由颐厉吉，大有庆也。

上九表示颐之上。欲望转变为奋斗的动力。

《易》说：颐之上，由于欲望而努力奋斗，叫由颐，危险，吉，利做大事。

《象》说：由颐厉吉，意思是大大的有庆。

二八　大过

䷛ 大过，栋桡，利有攸往，亨。

《彖》曰：大过，大者过也。栋桡，本末弱也。刚过而中，巽而说行，利有攸往，乃亨。大过之时大矣哉！

《象》曰：泽灭木，大过，君子以独立不惧，遁世无闷。

大过卦表示大者过的行为。两人之中，实力大的叫大者，小的叫小者，过指过乎常。当小者处于微弱形势时，大者出手拯救，这样做叫大过。大者过乎常，一方面是让自己内心得以接受，另一方面也是心情的释放，因而是接受和释放的统一，分别由下卦巽和上卦兑表示。大过在本质上是采取措施让自己内心能够接受，在表面上是心情的释放。没有作出努力去改变小者的处境，自己内心将难以接受，就没有大过。作出了努力，而小者的处境没有得到满意的改变，心情释放不出来，大过之道不成。大过的过程是一个接受的过程，大过的程度取决于释放的程度。

《易》说：大过适宜于小者形势微弱如栋梁桡曲时，利有所往，亨通。

《彖》说：大过就是大者过。栋桡，意思是本末弱。刚过而中，巽而悦行，利有攸往，乃亨。大过之时大啊！说读作悦。

《象》说：大过的行为像泽水淹没树木，君子效法之，以独立不感到恐惧，遁世不觉得苦闷。灭，淹没。

初六，藉用白茅，无咎。

《象》曰：藉用白茅，柔在下也。

初六表示大过的初始。谨慎行事。

《易》说：大过之初，藉用白茅，无咎。藉音借，衬垫。

《象》说：藉用白茅，意思是把柔物放置在物品之下。

九二，枯杨生稊，老夫得其女妻，无不利。

《象》曰：老夫女妻，过以相与也。

九二表示大过的中期。大过使小者的形势在根本上得到改善。

《易》说：大过之中，大过的效果如枯杨生嫩芽，老夫得其少妻，无不利。稊音提，禾同根生，次者为稊。

《象》说：老夫少妻，老夫过与少妻相好。与，友好。

九三，栋桡，凶。

《象》曰：栋桡之凶，不可以有辅也。

九三表示大过的终期。大过使小者的形势变得更加糟糕。

《易》说：大过之终，大过的效果如栋梁桡曲，凶。

《象》说：栋桡之凶，因为小者此时不可以有辅。

九四，栋隆，吉，有它吝。

《象》曰：栋隆之吉，不桡乎下也。

九四表示大过之下。大者没用多大力气，小者的形势便发生了逆转。

《易》说：大过之下，大过的效果如栋梁隆起，吉，有它吝。

《象》说：栋隆之吉，意思是栋梁不向下桡曲。

九五，枯杨生华，老妇得其士夫，无咎无誉。

《象》曰：枯杨生华，何可久也？老妇士夫，亦可丑也。

九五表示大过之中。大者用了很大力气，小者的形势也没有发生根本改变。

《易》说：大过之中，大过的效果如枯杨生花，老妇得其少夫，无咎无誉。华，花。士，未婚男子。

《象》说：枯杨生花，何可长久？老妇少夫，也可丑。

上六，过涉灭顶，凶，无咎。

《象》曰：过涉之凶，不可咎也。

上六表示大过之上。大者竭尽全力，非但小者的形势没有发生改变，反而自身陷入灭顶之灾。

《易》说：大过之上，过涉深水，遭灭顶之灾，凶，无咎。顶，头顶。

《象》说：过涉之凶，不可咎。

二九　坎

䷜ 习坎，有孚，维心亨，行有尚。

《彖》曰：习坎，重险也。水流而不盈，行险而不失其信。维心亨，乃以刚中也。行有尚，往有功也。天险，不可升也；地险，山川丘陵也。王公设险，以守其国，险之时用大矣哉！

《象》曰：水洊至，习坎，君子以常德行，习教事。

坎卦表示行险的行为。行险如过坎，故卦名坎。一个险反复行，一定时间就会熟悉，从而对以后行好这个险充满信心。再行这个险时，虽然身为其所陷，但是心却是亨通的，不觉得它是一个险。行险熟练到一定程度，就会行得比别人好，而为别人所崇尚。

《易》说：反复行险，有信，心亨通，行为有人崇尚。习，反复进行使熟练。坎，低陷不平的地方。孚，信。维，无义之辞。

《彖》说：习坎就是重险。水流而不盈，行险而不失其信。维心亨，乃以刚中。行有尚，意思是往有功。天险就是不可升，地险就是山川丘陵。王公设险，以守其国，险之时用大啊！

《象》说：习坎的行为象水洊流而至，君子效法之，以保持德行，练习教事。洊音荐，一次又一次。

初六，习坎，入于坎窞，凶。

《象》曰：习坎入坎，失道凶也。

初六表示坎之初始。初次或头几次行险，心里感觉难，并且一定行得不够好，因为不熟悉。

《易》说：坎之初，只当是练习，在行险的过程当中，陷入其中包含的另一个险，凶。窞音旦，坎中小坎。

《象》说：对一个险难本不熟悉，在行的过程中又陷入其所包含的另一个险难，失道陷入更深的坎，所以凶。

九二，坎有险，求小得。

《象》曰：求小得，未出中也。

九二表示坎之中期。努力把险行好，越来越熟悉，但不够熟练，心里不再觉得难。

《易》说：坎之中，行险时心里仍然觉得有险存在，在此情况下，向别人索求，会小得。

《象》说：求而小得，说明未出中，险难行得既不是很差也不是很好。

六三，来之坎坎，险且枕。入于坎窞，勿用。

《象》曰：来之坎坎，终无功也。

六三表示坎的终期。已经熟练，行险时心里不再觉得有险存在。

《易》说：坎之终，有新险不去行，而是来到熟悉的旧险，一遍又一遍地重复行，虽然有险，姑且把它当枕头。陷入该险难当中所包含的另一个险，勿用此爻。

《象》说：把旧险重复行了一遍又一遍，不行新险，终无功。

六四，樽酒，簋贰，用缶，纳约自牖，终无咎。

《象》曰：樽酒簋贰，刚柔际也。

六四表示坎之下。险小。

《易》说：坎之下，实行俭约，盛酒用樽，备用用簋，盛浆用缶，递绳自窗，终无咎。樽音尊，木制的盛酒器具。簋音鬼，竹编盛食物器具。贰，备用。缶音否，盛酒浆的瓦器。约，绳子。牖音友，窗户。

《象》说：要不要实行用樽盛酒，用簋备用，要看险的大小，此乃刚柔之际。险小用柔，实行俭约；险大用刚，不实行俭约。

九五，坎不盈，祇即平，无咎。

《象》曰：坎不盈，中未大也。

九五表示坎之中。险大。

《易》说：坎之中，努力行险，但是不会把险难行到最好，像坎里的水不盈满，觉得差不多就是了，心安平静，无咎。盈，满。祇读作禔，音是，安福。人之天性，自安其是，叫禔。

《象》说：坎水不盈满，意思是把险难行好但未最好。

上六，系用徽纆，置于丛棘，三岁不得，凶。

《象》曰：上六失道，凶三岁也。

上六表示坎之上。险极大，行险失道。

《易》说：坎之上，像用结实的绳索捆绑，置于丛棘，三年不得，凶。徽音挥，三股绳。纆音墨，两股绳。岁，年。

《象》说：上六失道，凶三年。道指行该险之道。

三〇　离

䷝ 离，利贞，亨，畜牝牛吉。

《彖》曰：离，丽也。日月丽乎天，百谷草木丽乎土。重明以丽乎正，乃化成天下。柔丽乎中正，故亨，是以畜牝牛吉也。

《象》曰：明两作，离，大人以继明照于四方。

离卦表示明的行为。表现好则明，表现不好则暗，所以离卦等于表示表现的行为。表现正则利，不正不利，这叫利正。表现好则亨通。母牛性柔，表现也性柔，故畜养母牛吉。

《易》说：表现利正，明则亨通，畜养母牛吉。贞，正。牝音聘，雌性。

《彖》说：离就是丽。宇宙浩瀚，日月运行其中，让天显得美丽。土地广大深厚，百谷草木生长其上，让土地显得美丽。一个人正义，自然表现出重明，重明让正显得美丽，这样才可以化成天下。一个人中正，自然表现出柔，柔让中正显得美丽，故亨，是以畜牝牛吉。

《象》说：离的行为像日月两次出现，大人效法之，以继续不断的光明照耀四方。

初九，履错然，敬之无咎。

《象》曰：履错之敬，以辟咎也。

初九表示离之初始。日出之离。

《易》说：离之初，表现出现错误，敬之无咎。

《象》说：表现出错，敬之可以避免咎。辟读作避。

六二，黄离，元吉。

《象》曰：黄离元吉，得中道也。

六二表示离之中期。日中之离。

《易》说：离之中，光彩而不耀眼，叫黄离，元吉。

《象》说：黄离元吉，因为得中道。

九三，日昃之离，不鼓缶而歌，则大耋之嗟，凶。

《象》曰：日昃之离，何可久也？

九三表示离之终期。日昃之离。

《易》说：离之终，日昃之离，不敲击缶而歌，则有大耋之嗟叹，凶。西边的太阳，不久将落，叫日昃。昃音则，日西。鼓，敲击。缶音否，瓦器，所以盛酒浆，秦人鼓之以节歌。耋音谍，八十岁老人。嗟音阶，叹息。

《象》说：日昃之离，何可长久？

九四，突如其来如，焚如，死如，弃如。

《象》曰：突如其来如，无所容也。

九四表示离之下。表现不好，众人抛弃。

《易》说：离之下，表现突然有失水准，引起大家反感，心里感觉像是被烧死以后，弃之荒野。突，不顺忽出。焚，烧田。

《象》说：表现突然有失水准，为大家所不容。

六五，出涕沱若，戚嗟若，吉。

《象》曰：六五之吉，离王公也。

六五表示离之中。表现好，众人认同。

《易》说：离之中，表现之好，让人感动得出涕如沱，长戚叹息，吉。涕，眼泪。沱，沱江。

《象》说：六五之吉，王公的表现当如此。

上九，王用出征，有嘉折首，获匪其丑，无咎。

《象》曰：王用出征，以正邦也。

上九表示离之上。表现极好，按照个人意志去做，使众人认同这样的表现。

《易》说：离之上，王用此爻出征，行为有嘉，折敌之首，获异类，无咎。匪，非。丑，类。

《象》说：王用出征，为了正邦。

第二章　周易下经

三一　咸

䷞ 咸，亨，利贞，取女吉。

《彖》曰：咸，感也。柔上而刚下，二气感应以相与。止而说，男下女，是以亨、利贞、取女吉也。天地感而万物化生，圣人感人心而天下和平。观其所感，而天地万物之情可见矣。

《象》曰：山上有泽，咸，君子以虚受人。

咸卦表示感的行为。受感时注意力被吸引，从而停止做事，同时释放情绪，因而咸是停止做事和释放情绪的统一，分别由下卦艮和上卦兑表示。咸在本质上是停止做事，在表面上是情绪释放。不停止做事，注意力将分散，就没有咸。停止做事而没有释放情绪，咸道不成。咸的过程是一个停止做事的过程。情绪释放越大，感动越大。受感而动，所以咸具有亨通之理。其动正则利，不正不利。

《易》说：受感而动，亨通，利正，有女能感动人心，娶之吉。

贞，正。取读作娶。

《彖》说：咸就是感。柔处于上位，刚处于下位，二气感应以相友好。止而悦，男下女，是以亨、利贞、娶女吉。天地感而万物化生，圣人感人心而天下和平。观其所感，而天地万物之情可见！说读作悦。

《象》说：咸的行为像山上有泽，君子效法之，以虚心接受别人。

初六，咸其拇。

《象》曰：咸其拇，志在外也。

初六表示咸的初始。心受刺激，身体未动。

《易》说：咸之初，拇受感而动，身未动，心起意向。拇音母，脚拇指。

《象》说：拇受感而动，意味着心起了意向，其志在外。

六二，咸其腓，凶，居吉。

《象》曰：虽凶居吉，顺不害也。

六二表示咸的中期。身体动，凶，不动吉。由于心尚未形成理性思考，身体的动是非理性的动。

《易》说：咸之中，小腿受感而动，身跟着动，心未跟着动，凶，身体保持不动吉。腓音匪，腿肚子，这里指小腿。

《象》说：虽凶居吉，身顺其势保持不动则不受伤害。

九三，咸其股，执其随，往吝。

《象》曰：咸其股，亦不处也；志在随人，所执下也。

九三表示咸的终期。心形成理性思考，身体在理性的支配下行动。这时的行动在时间上一定比盲目行动的人迟缓，看上去像是跟随别人行动似的，因而，坚持这样的行动会让人觉得落后，从而吝。

《易》说：咸之终，大腿受感而动，身跟着动，心也跟着动。如果不是率先动，而是执意跟随别人动，那么吝。股，大腿。

《象》说：小腿动、大腿动，都意味着身动。志在随人，所执下，所以吝。

九四，贞吉，悔亡。憧憧往来，朋从尔思。

《象》曰：贞吉悔亡，未感害也；憧憧往来，未光大也。

九四表示咸之下。受到感动后情绪冲动。

《易》说：咸之下，正吉，悔亡。思前想后，心意不定，朋友跟从一起思想。贞，正。憧音冲，心意不定。

《象》说：正吉悔亡，意思是未有感害。思想不定，说明尚未光明远大。

九五，咸其脢，无悔。

《象》曰：咸其脢，志末也。

九五表示咸之中。受到感动后保持冷静。

《易》说：咸之中，背受感而动，无悔。脢音每，背脊肉，这里指背。

《象》说：背受感而动，意味着志末。

上六，咸其辅、颊、舌。

《象》曰：咸其辅、颊、舌，滕口说也。

上六表示咸之上。受到感动后只是说说而已，没有实际行动。

《易》说：咸之上，颊骨、颊、舌受感而动。辅，颊骨。颊音夹，脸的两侧。

《象》说：颊骨、颊、舌受感而动，意思是口出言语像水超涌而出。滕音腾，水超涌。

三二 恒

䷟ 恒，亨，无咎，利贞，利有攸往。

《彖》曰：恒，久也。刚上而柔下，雷风相与，巽而动，刚柔皆应，恒。恒，亨、无咎、利贞，久于其道也。天地之道，恒久而不已也。利有攸往，终则有始也。日月得天而能久照，四时变化而能久成，圣人久于其道而天下化成。观其所恒，而天地万物之情可见矣。

《象》曰：雷风，恒，君子以立不易方。

恒卦表示坚持的行为。坚持则做事恒久，故卦名恒。做事时间长会给自己带来压力，变动能够减缓压力，让自己能够接受，从而可以恒久。所以，恒是接受和变动的统一，分别由下卦巽和上卦震表示。恒在本质上是接受坚持做事所带来的压力，在表面上是变动。没有接受就没有恒。有接受而没有变动，恒道不成。恒的过程是一个接受的过程，恒的程度决定于变动的程度。做事恒久，事情才能做成，不至于半途而废，所以恒具有亨通之理。

《易》说：坚持使做事恒久，亨通，无咎，利正，利有所往。贞，正。

《彖》说：恒就是久。刚处于上位，柔处于下位，像雷和风一样友好，巽而动，刚柔皆应，可以长久。恒，亨、无咎、利贞，因为久于其道。天地之道，恒久而不已。利有攸往，因为终则有始。日月得天而能久照，四时变化而能久成，圣人久于其道而天下化成。观其所恒，而天地万物之情可见。

《象》说：恒的行为像雷风，君子效法之，以一朝有所立，决不变易方向。

初六，浚恒，贞凶，无攸利。

《象》曰：浚恒之凶，始求深也。

初六表示恒的初始。事情难度大，不能持久。

《易》说：恒之初，其事艰深，不能持久，叫浚恒，久凶，无攸利。浚音俊，深。贞，久。

《象》说：浚恒之凶，因为开始的时候追求艰深。

九二，悔亡。

《象》曰：九二悔亡，能久，中也。

九二表示恒的中期。事情难度适中，能持久。

《易》说：恒之中，能持久，悔亡。

《象》说：九二悔亡，因为能持久，此为中。

九三，不恒其德，或承之羞，贞吝。
《象》曰：不恒其德，无所容也。

九三表示恒的终期。事情难度小，不持久，导致德不持久。
《易》说：恒之终，不恒其德，或承受羞辱，久吝。贞，久。
《象》说：不恒其德，为众人所不容。

九四，田无禽。
《象》曰：久非其位，安得禽也？

九四表示恒之下。坚持了很久，效果不好，只好放弃。
《易》说：恒之下，狩猎没见着猎物。田，猎。禽，走兽总名。
《象》说：所处的位置长久不正确，怎么能够得到猎物呢？

六五，恒其德，贞，妇人吉，夫子凶。
《象》曰：妇人贞吉，从一而终也；夫子制义，从妇凶也。

六五表示恒之中。坚持了很久，效果好，一直坚持。
《易》说：恒之中，妇人恒其德，久吉。夫子恒其德，久凶。贞，久。
《象》说：妇人的职责在于守义，恒其德，意味着从一而终，所以久吉。夫子的职责在于制义，恒其德，意味着从妇，所以久凶。

上六，振恒，凶。

《象》曰：振恒在上，大无功也。

上六表示恒之上。坚持了很久，效果不好，仍然坚持，不放弃。

《易》说：恒之上，恒如柱砥，一成不变，叫榰恒，凶。振当作榰，音支，柱砥。

《象》说：榰恒在上六，大大的无功。

三三　遁

䷠ 遁，亨，小利贞。

《彖》曰：遁亨，遁而亨也。刚当位而应，与时行也。小利贞，浸而长也。遁之时义大矣哉！

《象》曰：天下有山，遁，君子以远小人，不恶而严。

遁卦表示逃遁的行为，例如辞职、撤退、回避、引退等。遁是停止前进，转而将力量用于脱离原来的进程，因而是停止前进和努力脱离原进程的统一，分别由下卦艮和上卦乾表示。遁在本质上是停止前进，在表面上是努力脱离原进程。不停止前进，原进程不结束，就没有遁。停止前进而不努力脱离原进程，遁道不成。遁的过程是一个停止的过程，遁的程度决定于努力的程度。遁有亨通之理，理由正则小利。

《易》说：遁，亨通，小利正。遁音盾，逃。贞，正。

《彖》说：遁亨，意思是遁而后亨。刚当位而应，与时偕行。

小利贞，因为浸而长。遁之时义大啊！

《象》说：遁的行为像天下有山，君子效法之，以远离小人，外貌不恶，容颜庄严。

初六，遁尾，厉，勿用有攸往。

《象》曰：遁尾之厉，不往何灾也？

初六表示遁的初始。遁意不定。

《易》说：遁之初，遁意摇摆不定，像动物尾巴一样，叫遁尾，厉，勿用此爻有所往。厉，危险。

《象》说：遁尾之厉，不往哪来灾害？

六二，执之用黄牛之革，莫之胜说。

《象》曰：执用黄牛，固志也。

六二表示遁的中期。遁意坚定。

《易》说：遁之中，执意遁，像执罪人用黄牛之皮革一样，莫之胜脱。说读作脱。

《象》说：执意遁像执罪人用黄牛之皮革，说明遁的意志坚固。

九三，系遁，有疾，厉，畜臣妾吉。

《象》曰：系遁之厉，有疾惫也；畜臣妾吉，不可大事也。

九三表示遁的终期。遁而心里有所牵挂。

《易》说：遁之终，遁而有系，叫系遁，如有疾，厉，畜臣妾吉。

《象》说：系遁之厉，因为牵挂如有疾，使人疲惫。畜臣妾吉，可分心减少挂念，不可做大事。

九四，好遁，君子吉，小人否。

《象》曰：君子好遁，小人否也。

九四表示遁之下。为了更好而遁。

《易》说：遁之下，遁比不遁好，这样的遁叫好遁，只有君子能够做到，小人做不到，做到吉。否，不。

《象》说：君子好遁，小人不遁。

九五，嘉遁，贞吉。

《象》曰：嘉遁贞吉，以正志也。

九五表示遁之中。为了实现志向而遁。

《易》说：遁之中，只有遁才能实现志向，这样的遁叫嘉遁，正吉。嘉，善。

《象》说：嘉遁正吉，意思是志正则吉。

上九，肥遁，无不利。

《象》曰：肥遁无不利，无所疑也。

上九表示遁之上。遁的理由很多。

《易》说：遁之上，遁的理由不只一条，这样的遁叫肥遁，无不利。

《象》说：肥遁无不利，意思是无所怀疑。

三四　大壮

䷡ 大壮，利贞。

《彖》曰：大壮，大者壮也。刚以动，故壮。大壮利贞，大者正也。正大而天地之情可见矣。

《象》曰：雷在天上，大壮，君子以非礼弗履。

大壮卦表示大者壮的行为。大指大者，壮指气势大过别人。大者小者都指人。有理为大，无理为小。一方做出无理举动，另一方会出手制止。由于有理，其气势会大过对方，所以叫大壮。大壮是刚健以动，因而是刚健和动的统一，分别由下卦乾和上卦震表示。大壮在本质上是刚健，在表面上是动。没有刚健就没有大壮。刚健而不动，大壮之道不成。大壮的过程是一个刚健的过程，大壮的程度决定于动的程度。大壮正则利，不正不利。

《易》说：大者壮，利正。贞，正。

《彖》说：大壮就是大者壮。刚以动，故壮。大壮利贞，意思是大者正。正大而天地之情可见。

《象》说：大壮的行为像雷在天上，君子效法之，以非礼弗履。

初九，壮于趾，征凶，有孚。

《象》曰：壮于趾，其孚穷也。

初九表示大壮的初始。有壮的心，没有壮的行动。

《易》说：大壮之初，趾壮而动，心起了行动念头，实际未行动，未考虑成熟就采取实际行动凶，有信。趾，脚指头。孚，信。

《象》说：趾壮而动，其信不过如此。

九二，贞吉。

《象》曰：九二贞吉，以中也。

九二表示大壮的中期。有壮的心，有壮的行动。

《易》说：大壮之中，思考成熟以后，采取壮的行动，正吉。

《象》说：九二正吉，因为用中。

九三，小人用壮，君子用罔，贞厉，羝羊触藩，羸其角。

《象》曰：小人用壮，君子罔也。

九三表示大壮的终期。小人用壮，君子不用。

《易》说：大壮之终，小人用壮，君子不用。用壮时间长了危险，如公羊触及藩篱，困其角。罔，无。贞，久。羝音低，公羊。藩音番，篱笆。羸音垒，困。

《象》说：小人用壮，君子不用。

九四，贞吉，悔亡，藩决不羸，壮于大舆之輹。

《象》曰：藩决不羸，尚往也。

九四表示大壮之下。气势和力量压倒对方。

《易》说：大壮之下，正吉，悔亡，冲破藩篱不为所困，勇气壮于胸中如壮于大舆之輹。舆，车。輹音复，车箱下面钩住车轴的木头。

《象》说：冲破藩篱不为所困，因为崇尚英勇。

六五，丧羊于易，无悔。

《象》曰：丧羊于易，位不当也。

六五表示大壮之中。不冲动。

《易》说：大壮之中，胸中怒气消失，如丧羊于疆埸，无悔。易读作埸，音易，疆界。

《象》说：胸中怒气消失如丧羊于疆埸，因为位不当，不宜使气。

上六，羝羊触藩，不能退，不能遂，无攸利，艰则吉。

《象》曰：不能退不能遂，不详也；艰则吉，咎不长也。

上六表示大壮之上。气势和力量与对方相持不下。

《易》说：大壮之上，如公羊触及藩篱，既不能退，也不能冲破藩篱，无攸利，艰则吉。遂，成功。

《象》说：既不能退，也不能冲破藩篱，其兆不祥。艰则吉，意思是其咎不长。详读作祥。

三五　晋

䷢ 晋，康侯用锡马蕃庶，昼日三接。

《彖》曰：晋，进也。明出地上，顺而丽乎大明，柔进而上行，是以康侯用锡马蕃庶、昼日三接也。

《象》曰：明出地上，晋，君子以自昭明德。

晋卦表示晋升的行为。晋是顺以前进，从而把品德和才干展示出来，因而是顺以前进和展示品德才干的统一，分别由下卦坤和上卦离表示。晋在本质上是顺以前进，在表面上是展示品德才干。不顺不能前进，不前进而留在原地，品德才干不能充分展示出来，就没有晋。顺以前进而不展示品德才干，晋道不成。晋的过程是一个顺的过程，晋的程度决定于品德才干展示的程度。

《易》说：晋，卫康侯用此卦展示尚贤之德，赐予贤人士子的马众多，一日三次接待客人。康侯，卫国君。锡，赐。蕃音番，多。庶，众。

《彖》说：晋就是进。晋像明出地上一样，顺从而展示出大明，柔进而上行，是以康侯用锡马蕃庶、昼日三接。

《象》说：晋的行为像明出地上，君子效法之，以自己昭示明德。昭音召，显示。

初六，晋如摧如，贞吉，罔孚，裕，无咎。

《象》曰：晋如摧如，独行正也；裕无咎，未受命也。

初六表示晋的初始。晋不顺利，有挫折。

《易》说：晋之初，晋有挫折，正吉，别人不了解，自然缺乏信任，对此心宽则无咎。摧，挫折。贞，正。罔，无。裕，宽。

《象》说：晋有挫折，因为唯独自己行为端正。宽裕无咎，因为尚未受命。

六二，晋如愁如，贞吉，受兹介福于其王母。

《象》曰：受兹介福，以中正也。

六二表示晋的中期。晋有忧愁，贵人相助。

《易》说：晋之中，晋有忧愁，正吉，享受这个大福于其王母。兹音姿，这个。介，大。王母，祖母。

《象》说：享受这个大福，因为晋以中正。

六三，众允，悔亡。

《象》曰：众允之，志上行也。

六三表示晋的终期。众人认可。

《易》说：晋之终，众人认可，悔亡。

《象》说：众人认可，其志上行。

九四，晋如鼫鼠，贞厉。

《象》曰：鼫鼠贞厉，位不当也。

九四表示晋之下。所进的位置不当，品德才干没有如实展示出来。

《易》说：晋之下，展示出来的品德才干差劲如鼫鼠，时间长了有危险。鼫音石，五技鼠，能飞不能过屋，能缘不能穷木，能游不能渡谷，能穴不能掩身，能走不能先人。贞，久。厉，危险。

《象》说：差劲如鼫鼠久厉，因为位不当。

六五，悔亡，失得勿恤，往，吉无不利。

《象》曰：失得勿恤，往有庆也。

六五表示晋之中。所进的位置当，品德才干得到真实充分展示。

《易》说：晋之中，悔亡，不要在意得失，往晋，吉无不利。

《象》说：不要在意得失，意思是往有庆。

上九，晋其角，维用伐邑，厉，吉，无咎，贞吝。

《象》曰：维用伐邑，道未光也。

上九表示晋之上。进不够，品德才干没有充分展示出来。

《易》说：晋之上，品德才干只展示出来一部分，剩余部分只可用于伐邑，勉强进危险，不进吉无咎，久吝。邑，大为国，小为邑。贞，久。

《象》说：剩余部分只可用于征伐邑，说明晋道未光明。

三六　明夷

䷣ 明夷，利艰贞。

《彖》曰：明入地中，明夷。内文明而外柔顺以蒙大难，文王以之。利艰贞，晦其明也。内难而能正其志，箕子以之。

《象》曰：明入地中，明夷，君子以莅众，用晦而明。

明夷卦表示明受伤时所采取的行为。每个人都乐于表现自己的聪明才智，但是，这样做有时会招致别人伤害。受伤以后，聪明的做法是把聪明掩盖起来，有什么想法并不如实说出来，事情尽量在暗地里进行，外表则做出顺从别人的样子，因而明夷是掩盖聪明和顺从别人的统一，分别由下卦离和上卦坤表示。明夷在本质上是掩盖聪明，在表面上是顺从别人。因为聪明受伤而不掩盖聪明，将会伤得更重，就没有明夷。把聪明掩盖起来而不顺从于别人，伤害将继续，明夷之道不成。明夷的过程是一个掩盖聪明的过程，明夷的程度决定于顺从别人的程度。

《易》说：明受到伤害，利艰贞。夷，伤。贞，正固久。晦音会，暗。

《彖》说：像明入地中一样，就是明夷。内文明而外柔顺以蒙大难，是文王明夷之法。利艰贞，意思是晦其明。内难而能正其志，是箕子明夷之法。

《象》说：明夷的行为像明入地中，君子效法之，以在莅临大众时，假装不了解，从而可以了解更多东西。

初九，明夷于飞，垂其翼。君子于行，三日不食。有攸往，主人有言。

《象》曰：君子于行，义不食也。

初九表示明夷的初始。受伤后出逃。

《易》说：明夷之初，因为聪明而受伤，赶紧离开，像鸟受伤飞走，垂其羽翼，君子为了赶路，三日不食，到了要去的地方，那里的主人有言。

《象》说：君子于行，其义不食。

六二，明夷，夷于左股，用拯马壮，吉。

《象》曰：六二之吉，顺以则也。

六二表示明夷的中期。在哪里跌倒，就在哪里爬起来。是自己犯的错误，就应该勇敢地承认并且纠正错误。找出相应的法则，以后遵从法则，就不会再犯错误。这就像一匹马生病，得到了拯救，成为一匹壮马。马是自己的思想，自己是那个拯救马的人。

《易》说：明夷之中，因为聪明而受伤，伤于左股，不能正常行走，用以拯救马使其壮，乘马而行，反而行走更快，吉。

《象》说：六二之吉，因为既顺从情势又遵从法则。

九三，明夷于南狩，得其大首，不可疾贞。

《象》曰：南狩之志，乃大得也。

九三表示明夷的终期。得到伤害自己的主谋。

《易》说：明夷之终，因为聪明而受伤，南狩得到主谋，不可着急，不可正。

《象》说：南狩之志，是要得到伤己的主谋。

六四，入于左腹，获明夷之心于出门庭。

《象》曰：入于左腹，获心意也。

六四表示明夷之下。搞清楚伤害自己的原因，以便采取相应对策。

《易》说：明夷之下，入于伤己之人的左腹，获其明夷之心于门庭之外。

《象》说：入于伤己之人的左腹，意思是获其心意。

六五，箕子之明夷，利贞。

《象》曰：箕子之贞，明不可息也。

六五表示明夷之中。像箕子一样，蒙内难而能正其志。箕子，殷末帝纣大臣，纣无道，谏不听，佯狂为奴，殷灭隐居，周武王访之，陈《洪范》(载《尚书·周书》)。

《易》说：明夷之中，箕子之明夷，利正。贞，正。

《象》说：箕子之贞，在于明不可熄灭。

上六，不明晦，初登于天，后入于地。

《象》曰：初登于天，照四国也；后入于地，失则也。

上六表示明夷之上。因为聪明而受伤，不但不汲取教训，反而变本加厉，闪耀聪明，最后会伤得更惨。

《易》说：明夷之上，不晦其明，初登于天，后入于地。

《象》说：初登于天，光明照耀四国。后入于地，失明夷之则。

三七　家人

䷤ 家人，利女贞。

《彖》曰：家人，女正位乎内，男正位乎外，男女正，天地之大义也。家人有严君焉，父母之谓也。父父、子子、兄兄、弟弟、夫夫、妇妇而家道正，正家而天下定矣。

《象》曰：风自火出，家人，君子以言有物而行有恒。

家人卦表示对待家人的行为。两人为一家人，意味着相互理解、相互接受，因而家人是理解和接受的统一，分别由下卦离和上卦巽表示。家人在本质上是理解人，在表面上是接受人。不理解人就不能接受人，两人就不可能成为一家人。理解人而不接受人，两人也不能成为一家人。家人的过程是一个相互理解的过程，家庭和睦的基础是爱。爱是接受的最高形式，爱意味着能接受更多。一个家庭，家道不可不正。家道正，关键在于女主人正。

《易》说：家人，利女主人正。贞，正。

《彖》说：家人，女正位乎内，男正位乎外，男女正，是天地之大义。家人有严君，父母之谓。父父、子子、兄兄、弟弟、夫夫、妇妇而家道正，正家而天下定。

《象》说：家人的行为像风自火出，君子效法之，以言之有物，行之有恒。

初九，闲有家，悔亡。

《象》曰：闲有家，志未变也。

初九表示家人的初始。新家要有规矩，以保持家道正。

《易》说：家人之初，防家，悔亡。闲，防。有家，家。

《象》说：防家，意味着正家之志从未改变。

六二，无攸遂，在中馈，贞吉。

《象》曰：六二之吉，顺以巽也。

六二表示家人的中期。对家人不同于对外人，一是勿必，二是勿偏。

《易》说：家人之中，对家人无所遂意，馈赠没有偏心，正吉。

《象》说：六二之吉，因为顺从于家人，接受家人的不足。顺，顺从。巽，接受。

九三，家人嗃嗃，悔，厉，吉；妇子嘻嘻，终吝。

《象》曰：家人嗃嗃，未失也；妇子嘻嘻，失家节也。

九三表示家人的终期。家道终于失家节。

《易》说：家人之终，对家人严酷，悔，厉，吉。妇子嘻嘻哈哈，终吝。嗃音贺，嗃嗃，严酷的样子。嘻嘻，嘻嘻哈哈。

《象》说：对家人严酷，未失家节。妇子嘻嘻哈哈，失家节。

六四，富家，大吉。

《象》曰：富家大吉，顺在位也。

六四表示家人之下。家庭富裕。

《易》说：家人之下，富家，大吉。

《象》说：富家大吉，因为顺在位。

九五，王假有家，勿恤，吉。

《象》曰：王假有家，交相爱也。

九五表示家人之中。家庭有爱。

《易》说：家人之中，王回家，勿恤，吉。假读作徦，至。

《象》说：王回家，与家人交相爱。

上九，有孚，威如，终吉。

《象》曰：威如之吉，反身之谓也。

上九表示家人之上。家庭有道德。身正则家正。

《易》说：家人之上，有信，有威仪，终吉。

《象》说：有威仪吉，返身修德的意思。反读作返。

三八　睽

䷥ 睽，小事吉。

《彖》曰：睽，火动而上，泽动而下。二女同居，其志不同行。说而丽乎明，柔进而上行，得中而应乎刚，是以小事吉。天地睽而其事同也，男女睽而其志通也，万物睽而其事类也，睽之时用大矣哉。

《象》曰：上火下泽，睽，君子以同而异。

睽卦表示背离、分离的行为，包括独立、分裂、分工、分别、分歧、分家、离婚等。每个人都具有各自特点。当把自己个性释放并表现出来的时候，就自然会显得与别人不同，因而睽是个性释放与表现的统一，分别由下卦兑和上卦离表示。睽在本质上是个性释放，在表面上是表现不同于别人。不把个性释放出来，就体现不出与别人的差异，也就没有睽。释放出个性，但是不通过实际行动表现出来，不足以体现与别人的差异，睽道不成。睽的过程是一个个性释放的过程。表现与别人越不相同，越体现出与别人的差异。在大事上彼此背离，独立分裂，那样不好，在小事上彼此分离，独立分工，吉。

《易》说：睽，小事吉。

《彖》说：睽，火动而上，泽动而下。二女同居，其志不同行。悦而展示出明，柔进而上行，得中而应乎刚，是以小事吉。天地睽而其事同，男女睽而其志通，万物睽而其事类，睽之时用大啊！说读作悦。

《象》说：睽的行为像上火下泽，君子效法之，既保持相同，又保留差异。

初九，悔亡，丧马勿逐自复，见恶人无咎。

《象》曰：见恶人，以辟咎也。

初九表示睽的初期。憎恶他所以离开他。离开的时候有损失，这个损失在离开后没过多久就弥补回来了，就像马丢失以后没去寻找自己回来一样。

《易》说：睽之初，离开恶人，悔亡，以前丧失的马，没去找寻，自己回到身边。主动见恶人无咎。

《象》说：主动见恶人，以避免咎。辟读作避。

九二，遇主于巷，无咎。

《象》曰：遇主于巷，未失道也。

九二表示睽的中期。离开一段时间，某日碰巧遇见他，不用回避他。

《易》说：睽之中，就当是仆人遇主人于巷，无咎。

《象》说：遇主于巷不回避，这样做未失道。

六三，见舆曳，其牛掣，其人天且劓，无初有终。

《象》曰：见舆曳，位不当也；无初有终，遇刚也。

六三表示睽的终期。离开恶人已经过去了很久，与离开之前相比较，现在的情况真是好多了，但是心里依然见不惯那个人，连带也见不惯他的物，看他的车不顺眼，看他的牛不顺眼，看他的人不顺眼。

《易》说：睽之终，见其车深陷泥潭牛人在拉，其牛一角俯一角仰，其人额头刺字，鼻子割去。无初有终。舆，车。曳音页，拉。掣读作觢，音赤，牛角一俯一仰。天，剠鑿其额。劓音亦，截鼻。

《象》说：视其车其牛其人无一善，因为位不当，看不顺眼。无初有终，分离之后一定遇到了好人。

九四，睽孤，遇元夫，交孚，厉，无咎。

《象》曰：交孚无咎，志行也。

九四表示睽之下。分离之后不如分离之前，在这种情况下，宁可恢复关系。

《易》说：睽之下，离婚以后感到孤独，遇原夫，上前交往以恢复信任，存在对方拒绝的危险，无咎。厉，危险。

《象》说：交往恢复信任无咎，恢复关系之志得到施行。

六五，悔亡，厥宗噬肤，往，何咎？

《象》曰：厥宗噬肤，往有庆也。

六五表示睽之中。分离之后更比分离之前好，不愿意回到过去，但是可以与他保持普通关系。

《易》说：睽之中，分离之初后悔，后来悔意消亡，其人在宗廟吃喝，主动前往与之会面，哪来咎？厥音觉，其。宗，宗庙。肤，肉鲜肥美叫肤。

《象》说：其人在宗廟吃喝，主动前往有庆。

上九，睽孤，见豕负涂，载鬼一车，先张之弧，后说之弧，匪寇婚媾，往，遇雨则吉。

《象》曰：遇雨之吉，群疑亡也。

上九表示睽之上。分离以后对他一直仇恨未解，这样下去并不好，应该找机会与他见面，尽力消除心中疑问。

《易》说：睽之上，分离以后心里感到孤独，看他像一头猪浑身烂泥，而自己满腹疑心像载鬼一车，见面之前先自紧张如张之弧，见面之后心情松弛如脱之弧，其实也不是什么寇贼不可以见面，相反是婚媾完全可以相聚，主动前往，群疑消亡如冰雪融化为雨水则吉。涂，泥。说读作脱。匪，非。媾音够，再婚为媾。

《象》说：遇雨之吉，意思是群疑消亡。

三九　蹇

䷦ 蹇，利西南，不利东北，利见大人，贞吉。

《彖》曰：蹇，难也。险在前也，见险而能止，知矣哉！蹇，利西南，往得中也；不利东北，其道穷也；利见大人，往有功也；当位贞吉，以正邦也。蹇之时用大矣哉！

《象》曰：山上有水，蹇，君子以反身修德。

蹇卦表示遇到蹇难所采取的行为。由于自身不够强大，有些困难无法逾越，当面对这些困难时，前进的步伐不得不停止下来，这样的困难叫蹇难。常见的蹇难有：财政困难、经济困难、贫穷、落后、欠发展、欠发达等。当遇到蹇难时，将停止前进的步伐，同时陷于所做的事，克服目前的困难，因而蹇是停止前进和陷于所做的事的统一，分别由下卦艮和上卦坎表示。蹇在本质上是停止前进，在表面上是陷于所做的事。前进的步伐没有停止，说明困难未到不可逾越的地步，这样的困难不叫蹇。在困难面前不得不停止前进，但是并未陷于所做的事，努力克服目前的困难，蹇道不成。蹇的过程是一个停止前进的过程。蹇难越大，陷于所做的事越大。不同的蹇难有不同的应对策略，也就是说，蹇难的应对具有方向性。应对有利的方向称为西南，相反的方向为东北。我们常常不知方向，需要大人指点。

《易》说：面对蹇难，利西南，不利东北，利见大人，正吉。蹇音简，跛。贞，正。

《彖》说：蹇就是难。当险在前时，见险而能止，这样做明智！蹇，利西南，因为往得中；不利东北，因为其道穷；利见大人，因为往有功；当位贞吉，因为以正邦。蹇之时用大啊！

《象》说：蹇的行为像山上有水，君子效法之，以返身修德。反读作返。

初六，往蹇来誉。

《象》曰：往蹇来誉，宜待也。

初六表示蹇的初始。在陷入蹇难的同时，做一点别的事情，也许可以得到称誉。

《易》说：蹇之初，既往陷入蹇难，又来做其它事情而得称誉。

《象》说：往蹇来誉，宜等待解决蹇难的那一天。

六二，王臣蹇蹇，匪躬之故。

《象》曰：王臣蹇蹇，终无尤也。

六二表示蹇的中期。专心应对一个又一个蹇难，不做其它任何事情，王的良臣如此。

《易》说：蹇之中，王之良臣，应对一个又一个蹇难，并不是为他自身。匪，非。躬音弓，身。

《象》说：王臣蹇蹇，终无过失。尤，过失。

九三，往蹇来反。

《象》曰：往蹇来反，内喜之也。

九三表示蹇的终期。既然一时没有看到出路，不如在陷入蹇难的同时，返身修炼自己。

《易》说：蹇之终，既往陷入蹇难，又来返身修炼。

《象》说：往蹇来返，因为内心喜欢。

六四，往蹇来连。

《象》曰：往蹇来连，当位实也。

六四表示蹇之下。蹇难不大时，可以与其他人合作，利用各自优势，互相帮助解决对方的蹇难。

《易》说：蹇之下，既往陷入蹇难，又来与他人连结。

《象》说：往蹇来连，因为当位且实。

九五，大蹇朋来。

《象》曰：大蹇朋来，以中节也。

九五表示蹇之中。蹇难大时，朋友会伸手帮助。

《易》说：蹇之中，陷入大蹇难，朋友从四面八方来。

《象》说：大蹇难朋友来，以中节。

上六，往蹇来硕，吉，利见大人。

《象》曰：往蹇来硕，志在内也；利见大人，以从贵也。

上六表示蹇之上。蹇难的根本出路是把自身做大。

《易》说：蹇之上，既往陷入蹇难，又来把自己做大，吉，利见大人。

《象》说：往蹇来硕，其志在内。利见大人，以从贵。

四〇 解

䷧ 解，利西南。无所往，其来复吉；有攸往，夙吉。

《彖》曰：解，险以动，动而免乎险，解。解，利西南，往得众也。其来复吉，乃得中也。有攸往夙吉，往有功也。天地解而雷雨作，雷雨作而百果草木皆甲坼，解之时大矣哉。

《象》曰：雷雨作，解，君子以赦过宥罪。

解卦表示缓解的行为。行险而动，可以解问题，因而解是行险和动的统一，分别由下卦坎和上卦震表示。解在本质上是行险，在表面上是动。不行险就没有解。行险而不动，解道不成。解的过程是一个行险的过程，解的程度决定于动的程度。解具有方向性。方向错了，问题不可解，方向对了，问题可解，解的正确方向称为西南。

《易》说：解问题，利西南。无所往，其来恢复原状吉；有所往，早行动吉。夙，早。

《彖》说：解，行险以动，动而免乎险，解。解，利西南，因为往得众。其来复吉，因为得中。有攸往夙吉，因为往有功。天地解而雷雨作，雷雨作而百果草木皆甲坼，解之时大啊！

《象》说：解的行为像雷雨作，君子效法之，以赦免别人的过错，宽宥别人的罪恶。

初六，无咎。

《象》曰：刚柔之际，义无咎也。

初六表示解的初始。着手解。

《易》说：解之初，开始解，无咎。

《象》说：刚柔之际，其义无咎。解了为刚，未解为柔。

九二，田获三狐，得黄矢，贞吉。

《象》曰：九二贞吉，得中道也。

九二表示解的中期。解毕，获得成果。

《易》说：解之中，解问题完结，有所获得，就像打猎获三只狐狸，得黄矢，正吉。田，猎。贞，正。

《象》说：九二正吉，因为得中道。

六三，负且乘，致寇至，贞吝。

《象》曰：负且乘，亦可丑也；自我致戎，又谁咎也？

六三表示解的终期。成果招致寇贼。

《易》说：解之终，将解问题所获得的成果背负在背上，乘马而过，招致寇贼至，正吝。

《象》说：身负重物乘马，这样做亦可丑。自我招致寇贼，又是谁的过错呢？

九四，解而拇，朋至斯孚。

《象》曰：解而拇，未当位也。

九四表示解之下。解小问题，普通人能做到。

《易》说：解之下，解人之拇，朋友至，人始信。而，汝。

《象》说：解人之拇，因为未当位。

六五，君子维有解，吉，有孚于小人。

《象》曰：君子有解，小人退也。

六五表示解之中。解大问题，只有君子才能做到。

《易》说：解之中，问题之大，唯君子有解，君子解了，吉，有信于小人。

《象》说：君子有解，小人无解而退。

上六，公用射隼于高墉之上，获之，无不利。

《象》曰：公用射隼，以解悖也。

上六表示解之上。解更大的问题，只有大人才能做到。

《易》说：解之上，问题之大，唯大人有解。公用此爻射隼于高墉之上，获之，无不利。公，古代诸侯称谓。墉音庸，城墙。

《象》说：公用于射隼，为了化解矛盾。悖音背，混乱，违反。

四一　损

䷨ 损，有孚，元吉，无咎，可贞，利有攸往。曷之用？二簋可用享。

《彖》曰：损，损下益上，其道上行。损而有孚，元吉，无咎，可贞，利有攸往，曷之用？二簋可用享。二簋应有时，损刚益柔有时。损益盈虚，与时偕行。

《象》曰：山下有泽，损，君子以惩忿窒欲。

损卦表示减损的行为。损是损自己，不是损别人。每个人身上总存在一些毛病或过分的地方，对身体或思想造成损害。对这些毛病和过分之处进行减损，会使自己的身体或思想受益，这样的行为为损。损是将保护身心健康的认识通过停止有害身心健康的行动释放出来，是释放和停止的统一，分别由下卦兑和上卦艮表示。损在本质上是保护身心健康认识的释放，在表面上是停止有害身心健康的行动。对保护身心健康缺乏认识，或者虽然有认识但是没有释放出来，就没有损。有保护身心健康的认识，并且将其释放出来，但是不采取措施，停止有害健康的行动，损道不成。损的过程是一个认识释放的过程。停止有害健康的行动越大，减损越大。

《易》说：自己身上若有毛病或过分之处，应当适当减损，这样做不仅有信于大众，而且元吉、无咎，因而损的行为可以长期进行，利有所往。损道有何用？即使损至二簋，照样可用于祭祀。孚，信。贞，久。曷，何。享，祭祀。

《彖》说：损，损下益上，其道上行。损而有孚，元吉，无咎，可贞，利有攸往，曷之用？二簋可用享。二簋应有时，损刚益柔有时。损益盈虚，与时偕行。

《象》说：损的行为像山下有泽，君子效法之，以惩治忿慨，窒息欲望。

初九，已事遄往，无咎，酌损之。

《象》曰：已事遄往，尚合志也。

初九表示损的初始。损从任何时候开始都不为晚。

《易》说：损之初，过去的事已经迅速过去，无咎，酌损当下。遄音船，速。

《象》说：往事不追，崇尚志向一致。

九二，利贞，征凶，弗损益之。

《象》曰：九二利贞，中以为志也。

九二表示损的中期。损到一定程度，就应当停止下来。

《易》说：损之中，损而得中，既得中，利保持现状，继续损凶。弗损之，弗益之。

《象》说：九二利保持现状，以中为志。

六三，三人行，则损一人；一人行，则得其友。

《象》曰：一人行，三则疑也。

六三表示损的终期。停止下来以后，观察一段时间，视情况或损或益。

《易》说：损之终，三人行，则损一人；一人行，则得一人为友。

《象》说：一人行，三则相互猜疑。

六四，损其疾，使遄有喜，无咎。

《象》曰：损其疾，亦可喜也。

六四表示损之下。损自身毛病，使其减少或者消失。

《易》说：损之下，损自身毛病，假使速，有喜，无咎。

《象》说：损自身毛病，这样做也可喜。

六五，或益之十朋之龟，弗克违，元吉。

《象》曰：六五元吉，自上佑也。

六五表示损之中。损自身过分之处，因而受益，不可拒绝。

《易》说：损之中，或益之十朋之龟，不可拒绝，元吉。古者货币贝，五贝为朋。克，能。

《象》说：六五元吉，因为来自上的佑助。

上九，弗损益之，无咎，贞吉，利有攸往。得臣无家。

《象》曰：弗损益之，大得志也。

上九表示损之上，得中，无可损。

《易》说：损之上，既得中，弗损之，弗益之，无咎，久吉，利有所往。得臣忙于公事，虽有家，若无家。得臣，人名。

《象》说：弗损之，弗益之，意味着大得志。

四二　益

䷩ 益，利有攸往，利涉大川。

《彖》曰：益，损上益下，民说无疆。自上下下，其道大光。利有攸往，中正有庆。利涉大川，木道乃行。益，动而巽，日进无疆。天施地生，其益无方。凡益之道，与时偕行。

《象》曰：风雷，益，君子以见善则迁，有过则改。

益卦表示增益的行为。益是动而施加力量，因而是动和施加力量的统一，分别由下卦震和上卦巽表示。益在本质上是动，在表面上是施加力量。不动就没有益。动而不施加力量，益道不成。益的过程是一个动的过程，益的程度决定于施加力量的程度。

《易》说：益，利有所往，利做大事。

《彖》说：益，损上益下，民悦无疆。自上下下，其道大光。利有攸往，中正有庆。利涉大川，木道乃行。益，动而巽，日进无疆。天施地生，其益无方。凡益之道，与时偕行。说读作悦。

《象》说：益的行为像风雷，君子效法之，以见善则迁，有过则改。

初九，利用为大作，元吉，无咎。

《象》曰：元吉无咎，下不厚事也。

初九表示益的初期。自内部益之。

《易》说：益之初，利用所受之益为大干一场，元吉，无咎。

《象》说：元吉无咎，因为下不厚事。

六二，或益之十朋之龟，弗克违，永贞吉。王用享于帝，吉。

《象》曰：或益之，自外来也。

六二表示益的中期。自内部益之不足，自外部益之。

《易》说：益之中，或益之十朋之龟，不可拒绝，永正吉。王用此爻祭祀于上帝，吉。朋，古者货币贝，五贝为朋。克，能。贞，正。享，祭祀。

《象》说：或益之十朋之龟，意思是其益自外而来。

六三，益之用凶事，无咎，有孚，中行告公用圭。

《象》曰：益用凶事，固有之也。

六三表示益的终期。自外益之不足，用凶事益之。

《易》说：益之终，益之用凶事，无咎，有信。行进之中告公用圭。中行，行中。公，古代诸侯称谓。

《象》说：惧怕凶事，乃人性所固有之。

六四，中行告公，从，利用为依迁国。

《象》曰：告公从，以益志也。

六四表示益之下。益志。

《易》说：益之下，人有高志，就鼓励他。当年诸大夫议迁国，公志未定。行进之中告公，公从，利用所告为依据迁国。

《象》说：行进之中告公公从，以益公志。

九五，有孚，惠心，勿问，元吉。有孚，惠我德。

《象》曰：有孚惠心，勿问之矣；惠我德，大得志也。

九五表示益之中。惠人之心，惠人之德。

《易》说：益之中，当一个人的心受到伤害的时候，如果你是他所信赖的人，就去宽慰他，不用问，一定元吉。当一个人做了善举的时候，如果你是他所信赖的人，就去夸奖他。

《象》说：宽慰受伤的心，无须问之，一定元吉。夸奖善举，让其大得志。

上九，莫益之，或击之，立心勿恒，凶。

《象》曰：莫益之，遍辞也；或击之，自外来也。

上九表示益之上。既盈，莫益之。

《易》说：益之上，对于有的行为，切莫益之，益之或受打击，立心不可长久，凶。

《象》说：切莫益之，这话普遍成立。益之可能遭受的打击，自外而来。

四三　夬

䷪ 夬，扬于王庭，孚号有厉，告自邑，不利即戎。利有攸往。

《彖》曰：夬，决也，刚决柔也。健而说，决而和。扬于王庭，柔乘五刚也；孚号有厉，其危乃光也。告自邑、不利即戎，所尚乃穷也。利有攸往，刚长乃终也。

《象》曰：泽上于天，夬，君子以施禄及下，居德则忌。

夬卦表示刚决柔的行为。刚指一个有力量的人，柔指一个没有力量的人。当刚与柔对决时，刚胜，叫刚决柔。常见的决为作决定：人数多的一方为刚，人数少的一方为柔，作出决定按照多数人的意见执行为刚决柔。夬是本身有力量，然后努力将力量释放出来，因而是努力和释放的统一，分别由下卦乾和上卦兑表示。夬在本质上是有力量并且努力，在表面上是力量的释放。本身没有力量，或者虽然有力量但是不努力，力量就不能释放出来，也就没有夬。本身有力量并且努力，但是没有把力量释放出来，夬道不成。夬的过程是一个努力的过程，夬的程度决定于释放的程度。夬是刚与柔力量的较量，柔如果承认失败，就会在夬以后发出呼号。反之，如果不承认失败，就不会发出呼号。

《易》说：夬，文者宣教明化于王者朝廷，听到反对者呼号声，这预示着有危险，这时亲近的人会来告诉一些情况，看情况不利便立即采取进一步措施。利有所往。夬音怪，决。扬，宣扬。王庭，王者朝廷。孚，信。号，呼。戎，兵。

《彖》说：夬就是决，也就是刚决柔。健而悦，决而和。扬于王庭，因为柔乘五刚；孚号有厉，因为其危乃光明。告自邑、不利即戎，因为所尚乃穷。利有攸往，因为刚长乃终。说读作悦。

《象》说：夬的行为像泽上于天，君子效法之，以将俸禄施及下民，居德则憎恶无德。禄，俸禄。忌，憎恶。

初九，壮于前趾，往不胜为咎。

《象》曰：不胜而往，咎也。

初九表示夬的初期。决以保守，只有决的想法，没有付诸行动。

《易》说：夬之初，前趾壮而动，心里产生了决的念头，实际未决，往决不胜为咎。

《象》说：往决而不胜，这就为咎。

九二，惕号，莫夜有戎，勿恤。

《象》曰：有戎勿恤，得中道也。

九二表示夬的中期。决以中道，柔承认失败，接受决的结果，发出呼号。

《易》说：夬之中，决以后，警惕柔的呼号声，到了夜晚有人为决而争论，不要在意。莫，今暮字。

《象》说：有人为决而争论，不要在意，因为得中道。

九三，壮于頄，有凶。君子夬夬，独行遇雨若濡，有愠，无咎。

《象》曰：君子夬夬，终无咎也。

九三表示夬的终期。决以激进，在脸上表现出来。

《易》说：夬之终，形于颜色，有凶。君子不然，决一次不行，再决一次，独自出行，遇到有人表达不同意见，像遇雨淋湿了衣服，有愠，无咎。頄音求，颧骨。濡音儒，沾湿。愠音运，怒。

《象》说：君子决而又决，最终无咎。

九四，臀无肤，其行次且，牵羊悔亡，闻言不信。

《象》曰：其行次且，位不当也；闻言不信，聪不明也。

九四表示夬之下。决难，使人优柔寡断、犹豫不决。

《易》说：夬之下，如臀无皮肤，出左脚疼痛，出右脚也疼痛，难以行走。添加一份勇气悔亡。不管别人说什么，心里就是不相信。次且，读作趑趄，音兹居，行走困难，不能向前进行。

《象》说：九四决难，因为位不当。不管别人说什么，心里就是不相信，意思是听不进。

九五，苋陆夬夬，中行无咎。

《象》曰：中行无咎，中未光也。

九五表示夬之中。容易决的时候，要考虑柔的感受，决一次不够，再决一次，直到柔接受为止，这叫中行，也就是所谓中庸之道。

《易》说：夬之中，如断苋陆，决而又决，中行无咎。苋（音现）陆，草名。

《象》说：中行无咎，说明中庸之道尚未光明。

上六，无号，终有凶。

《象》曰：无号之凶，终不可长也。

上六表示夬之上。极端情况是，刚决柔以后，柔没有呼号，这说明柔并不接受决的结果，同时也预示着柔在准备反扑，所以终有凶，而且所决不可长久。

《易》说：夬之上，决以后，没有听到柔的呼号声，最终有凶。

《象》说：无号之凶，所决最终不可长久。

四四　姤

䷫ 姤，女壮，勿用取女。

《彖》曰：姤，遇也，柔遇刚也。勿用取女，不可与长也。天地相遇，品物咸章也。刚遇中正，天下大行也。姤之时义大矣哉！

《象》曰：天下有风，姤，后以施命诰四方。

姤卦表示柔遇刚的行为。柔指一个人，在遇到刚之前，他对所有人的做法都不十分接受，更不喜欢，内在力量由此被压制，没有有效发挥出来，让人感到没有力量。刚指另一个人，他的力量是一直发挥出来的，让人感到有力量。柔在遇到刚之后，心里十分接受甚至欣赏刚的做法，因此愿意听从于刚，其力量由此得以充分发挥，比遇到刚之前大很多，这种现象叫柔遇刚。姤是柔接受刚从而发挥出强大力量，因而是接受和发挥力量的统一，分别由下卦巽和上卦乾表示。姤在本质上是柔接受刚，在表面上是力量充分发挥。柔不接受刚，就没有姤。柔接受刚而力量没有充分发挥出来，姤道不成。姤的过程是一个柔接受刚的过程，姤的程度决定于力量发挥的程度。姤具有偶然性，当其发生时，会让人感到像是一种缘分或者天命。

《易》说：柔遇刚，柔的力量得到充分发挥，当柔为女时，女的力量变得壮大，如果你不是那个刚，勿用此卦娶女。取读作娶。

《彖》曰：姤就是遇，也就是柔遇刚。勿用娶女，因为不可与女一起长。天地相遇，品物咸章。刚遇中正，天下大行。姤之时义大啊！

《象》说：姤的行为像天下有风，国君效法之，以实施命令，宣告四方。后，国君。诰音告，告。

初六，系于金柅，贞吉。有攸往，见凶，羸豕孚蹢躅。

《象》曰：系于金柅，柔道牵也。

初六表示姤的初始。柔十分依赖于刚，一步也不离开刚。

《易》说：姤之初，柔像有一根丝把心系于刚的络丝车摇把上，不管络丝车怎么转动，心一直不离开，正吉。柔离开刚而有所往，将出现凶，像病猪一样蹢躅不进。柅音赤，络丝车的摇把。见读作现。羸音垒，衰病、瘦弱。蹢躅音旨主，徘徊不进。

《象》说：一根丝系于络丝车摇把上，意思是柔受刚的牵引。

九二，包有鱼，无咎，不利宾。

《象》曰：包有鱼，义不及宾也。

九二表示姤的中期。柔心甘情愿包刚。刚在别人看来是缺点错误的，在柔看来却都是优点正确的，这在别人来看，是柔包刚。

《易》说：姤之中，柔包住刚，就像包鱼，无论鱼怎么动，总在包里一样，无咎，不利第三者。

《象》说：包有鱼，其义第三者不能插足。

九三，臀无肤，其行次且，厉，无大咎。

《象》曰：其行次且，行未牵也。

九三表示姤的终期。离开刚，柔寸步难行。

《易》说：姤之终，柔失去刚的牵引，行动困难，像臀无皮肤，出左脚疼痛，出右脚也疼痛，厉，无大咎。次且，读作趦趄，音兹居，行走困难，不能向前进行。厉，危险。

《象》说：行动困难，因为柔未受刚牵引。

九四，包无鱼，起凶。

《象》曰：无鱼之凶，远民也。

九四表示姤之下。柔包不住刚。柔不赞成刚的有些做法，认为那是错误的，这就留下一个口子，使刚可以开始疏远柔，最后脱离柔，就像鱼挣脱包一样。

《易》说：姤之下，柔包不住刚，就像包鱼，过一会儿鱼不见了一样，凶从这里起头。

《象》说：无鱼之凶，因为柔远刚。

九五，以杞包瓜，含章，有陨自天。

《象》曰：九五含章，中正也；有陨自天，志不舍命也。

九五表示姤之中。柔包住刚。

《易》说：姤之中，柔包住刚，就像以杞包瓜一样，含章不发，似有命自天而降。陨，坠落。

《象》说：九五含章，因为中正。有陨自天，志在守命。

上九，姤其角，吝，无咎。

《象》曰：姤其角，上穷吝也。

上九表示姤之上。柔遇刚，要看刚对此接不接受，此为姤道之穷。

《易》说：姤之上，柔接受刚、欣赏刚，刚对此不接受，柔像遇其角一样，吝，无咎。

《象》说：如遇其角，上九姤道穷，所以吝。

四五　萃

䷬ 萃，亨，王假有庙，利见大人，亨，利贞，用大牲吉，利有攸往。

《彖》曰：萃，聚也。顺以说，刚中而应，故聚也。王假有庙，致孝亨也。利见大人、亨，聚以正也。用大牲吉、利有攸往，顺天命也。观其所聚，而天地万物之情可见矣。

《象》曰：泽上于地，萃，君子以除戎器，戒不虞。

萃卦表示与人集聚的行为。与人集聚，是一个人顺从于另一个人而感到喜悦，因而萃是顺从别人和内心喜悦的统一，分别由下卦坤和上卦兑表示。萃在本质上是顺从别人，在表面上是内心喜悦。不顺从别人，两人不能相聚，就没有萃。顺从别人而不感到喜悦，萃道不成。萃的过程是一个顺从别人的过程，萃的程度决定于喜悦的程度。事情一见面就能办成，所以会聚具有亨通之理。

《易》说：与人集聚，亨通。王与族人相聚于宗庙。利见大人，亨通，利正，用大牲吉，利有所往。假读作徦，至。

《彖》说：萃就是聚。顺以悦，刚中而应，故聚。王至宗庙，致孝所以亨。利见大人、亨，因为聚以正。用大牲吉、利有攸往，因为顺天命。观其所聚，而天地万物之情可见。说读作悦。

《象》说：萃的行为像泽上于地，君子效法之，以与人会聚，不带兵器，防备不测。

初六，有孚不终，乃乱乃萃，若号，一握为笑。勿恤，往无咎。

《象》曰：乃乱乃萃，其志乱也。

初六表示萃的初始。召集会聚。会聚的时间、地点等细节不断发生改变，显得混乱，不过没关系，见面以后，一切都好了。

《易》说：萃之初，起初的约定，临时改变了。边乱边聚。有人因为会聚而呼叫，见面以后，一握其手，转化为笑。不要在意，往会聚无咎。号，呼叫。

《象》说：边乱边聚，意味着其志混乱。

六二，引吉，无咎，孚乃利用禴。

《象》曰：引吉无咎，中未变也。

六二表示萃的中期。参加会聚。熟人见面握手寒暄，生人在熟人引见下相识。

《易》说：萃之中，在熟人引见下与人相聚，吉，无咎，此人如果可以信赖，乃利用禴祭。禴音月，殷春祭名。

《象》说：引吉无咎，因为中未变。

六三，萃如嗟如，无攸利，往无咎，小吝。

《象》曰：往无咎，上巽也。

六三表示萃的终期。会聚终结。会聚次数多了以后，会觉得没有意思，渐渐失去兴趣。

《易》说：萃之终，对会聚失去兴趣，其场面令人嗟叹，无攸利，往会聚无咎，小吝。

《象》说：往会聚无咎，往为巽，巽为上。

九四，大吉，无咎。

《象》曰：大吉无咎，位不当也。

九四表示萃之下。位不当而会聚。

《易》说：萃之下，位不当而会聚，大吉，无咎。

《象》说：大吉无咎，因为位不当。

九五，萃有位，无咎，匪孚，元永贞，悔亡。

《象》曰：萃有位，志未光也。

九五表示萃之中。位当而会聚。

《易》说：萃之中，参加会聚有位置，无咎，但这并不代表别人真的信服你，元永正悔亡。匪，非。贞，正。

《象》说：会聚有位置，意味着志未光大。

上六，赍咨涕洟，无咎。

《象》曰：赍咨涕洟，未安上也。

上六表示萃之上。会聚让人不快。

《易》说：萃之上，会聚使人嗟叹涕洟，无咎。赍（音几）咨，嗟叹之辞。涕音剃，洟音夷，自目为涕，自鼻为洟。

《象》说：嗟叹涕洟，因为上六心未安。

四六　升

䷭ 升，元亨，用见大人，勿恤，南征吉。

《彖》曰：柔以时升，巽而顺，刚中而应，是以大亨。用见大人、勿恤，有庆也。南征吉，志行也。

《象》曰：地中生木，升，君子以顺德，积小以高大。

升卦表示生长的行为，包括长身体、长知识、能力提升、素质提高、职务提升等。接受生长的环境压力并且顺从于生长趋势，一切生物都能生长，因而升是接受环境和顺从趋势的统一，分别由下卦巽和上卦坤表示。升在本质上是接受环境，在表面上是顺从于生长趋势。对环境不接受，就不能生长，也就没有升。接受环境而不顺从于生长趋势，升道不成。升的过程是一个接受环境的过程。对生长趋势越顺从，升得越好。升具有方向性。方向错了，升困难，方向对了，升容易。容易升的方向称为南方。

《易》说：升，大亨，用此卦见大人，不要在意，南征吉。

《彖》说：柔以时升，巽而顺，刚中而应，是以大亨。用见大人、勿恤，意思是有庆。南征吉，因为志行。

《象》说：升的行为像地中生木，君子效法之，以顺德，积小以成高大。

初六，允升，大吉。

《象》曰：允升大吉，上合志也。

初六表示升的初始。步入上升轨道，开始上升。

《易》说：升之初，进入上升轨道，大吉。

《象》说：进入上升轨道大吉，意味着符合意志，合志为上。

九二，孚乃利用禴，无咎。

《象》曰：九二之孚，有喜也。

九二表示升的中期。如果上升艰难而且不可靠，说明选错了方向。反之，如果上升容易并且可靠，说明选对了方向。

《易》说：升之中，如果上升总是那么可靠容易，乃利用禴祭，无咎。

《象》说：九二上升可靠，意思是有喜。

九三，升虚邑。

《象》曰：升虚邑，无所疑也。

九三表示升的终期。升成高大以后，周围的人都显得矮小，就像进入无人之邑，这时对上升必然无所怀疑。

《易》说：升之终，升成高大，如入虚邑。

《象》说：升虚邑，这时对其上升无所怀疑。

六四，王用亨于岐山，吉，无咎。

《象》曰：王用亨于岐山，顺事也。

六四表示升之下。一点一点地上升，积小以成高大。

《易》说：升之下，积小成高大，王用此爻祭祀于岐山，吉，无咎。亨读作享，祭祀。

《象》说：王用祭祀于岐山，这样的升为顺事。

六五，贞吉，升阶。

《象》曰，贞吉升阶，大得志也。

六五表示升之中。一阶一阶地上升。

《易》说：升之中，正吉，像上台阶一样上升，叫升阶。阶，台阶。

《象》说：正吉升阶，这样的升大得志。

上六，冥升，利于不息之贞。

《象》曰，冥升在上，消不富也。

上六表示升之上。上升不停息。

《易》说：升之上，白天升，晚上也升，叫冥升，利于坚持，永不停息。

《象》说：冥升在上六，这样的升积累消耗，不富有。

四七　困

䷮ 困，亨，贞，大人吉无咎。有言不信。

《彖》曰：困，刚掩也。险以说，困而不失其所亨，其唯君子乎？贞大人吉，以刚中也。有言不信，尚口乃穷也。

《象》曰：泽无水，困，君子以致命遂志。

困卦表示受困的行为。兴趣、志向、使命使人困。一个人对某事感兴趣，就会长时间做下去，从而困于其事。一个人有理想，就会长期为之奋斗，从而困于其志。一个人受命，就会长期致身于命，从而困于其命。困是行险而感到喜悦，因而是行险和喜悦的统一，分别由下卦坎和上卦兑表示。困在本质上是行险，在表面上是喜悦。不行险就没有困。行险而不喜悦，困道不成。困的过程是一个行险的过程，困的程度决定于喜悦的程度。困则不亨，唯君子能做到困而不失其所亨。困则容易失正。唯大人能同时做到困而亨且正，做到这两点，吉无咎。

《易》说：困，亨，正，只有大人能做到，做到吉无咎。他人有言，困者不信。贞，正。

《彖》说：困的本质是刚被掩。险以悦，困而不失其所亨，唯有君子能做到吧？贞大人吉，因为以刚中。有言不信，因为尚口乃穷。说读作悦。

《象》说：困的行为像泽无水，君子效法之，以致身于命，实现志向。

初六，臀困于株木，入于幽谷，三岁不觌。

《象》曰：入于幽谷，幽不明也。

初六表示困的初始。对未来不明，为失去生活目标所困。

《易》说：困之初，臀困于株木，入于幽暗深谷，三年不现身。幽，暗、不明。觌音第，见。岁，年。

《象》说：入于幽谷，意思是对未来幽暗不明。

九二，困于酒食，朱绂方来，利用享祀，征凶，无咎。

《象》曰：困于酒食，中有庆也。

九二表示困的中期。为衣食所困。

《易》说：困之中，为了生活，从而长期为之付出劳动，叫困于酒食。劳动不仅可以创造幸福，而且可以带来地位和荣誉，做到这一点，利用祭祀。妄想不劳动而拥有幸福生活，凶。无咎。享，祭祀。朱绂（音弗），蔽膝，宗庙之服，天子三公九卿朱绂，诸侯赤绂。

《象》说：困于酒食，意思是中有庆。

六三，困于石，据于蒺藜。入于其宫，不见其妻，凶。

《象》曰：据于蒺藜，乘刚也；入于其宫，不见其妻，不祥也。

六三表示困的终期。为了非份，结果困于石。这样的人，若是无所据，也不会做不正当的事而困于石。他之所以困于石，是因为有所据而不知其所据非所据，就像据于蒺藜。

《易》说：困之终，困于非所困，如困于石，据于非所据，如据于蒺藜，入于其宫，不见其妻，凶。蒺音疾，藜音黎，蒺藜，茨草。

《象》说：据于蒺藜，因为乘刚。入于其宫，不见其妻，不祥。乘柔性的马叫乘柔，乘刚性的马叫乘刚，乘柔马顺从于人，乘刚人顺从于马，这里的“马”指生活环境。

九四，来徐徐，困于金车，吝，有终。

《象》曰：来徐徐，志在下也；虽不当位，有与也。

九四表示困之下。为财富所困。

《易》说：困之下，向往财富，从而长期为之付出劳动，叫困于金车。金车徐徐而来，吝，有终。

《象》说：志于财富，其志在下。虽不当位，但有党与。

九五，劓刖，困于赤绂，乃徐有说，利用祭祀。

《象》曰：劓刖，志未得也；乃徐有说，以中直也；利用祭祀，受福也。

九五表示困之中。为显赫于世所困。

《易》说：困之中，以显赫于世为愿望，从而长期将身心投入，叫困于赤绂。未实现愿望时，心里一直不安。愿望一步步实现，心里乃徐有悦。愿望最终实现，利用祭祀。劓音意，刖音月，劓刖又作鼿卼，不安貌。说，今悦字。

《象》说：心不安宁，因为志未得。乃徐有悦，因为中直；追求显赫于世为中，其道直。利用祭祀，因为受其福。

上六，困于葛藟，于鼿卼，曰动悔，有悔，征吉。

《象》曰：困于葛藟，未当也；动悔有悔，吉行也。

上六表示困之上。为细琐所困。

《易》说：困之上，兴趣爱好广泛，细小杂乱，不集中，无大志，时间精力都花在这些细琐上，如困于葛藟。时间久了，没有成就，心里感到不安。动悔，迟则又悔。改变兴趣，树立大志吉。葛，多年生草本植物，茎蔓生。藟音垒，藤。鼿（音臬）卼（音兀），不安貌。

《象》说：困于葛藟，这样做未当。动悔又悔，行则吉。

四八 井

䷯ 井，改邑不改井，无丧无得，往来井井。汔至亦未繘井，羸其瓶，凶。

《彖》曰：巽乎水而上水，井。井，养而不穷也。改邑不改井，乃以刚中也。汔至亦未繘井，未有功也。羸其瓶，是以凶也。

《象》曰：木上有水，井，君子以劳民劝相。

井卦表示建立理论的行为。井有三义：改邑不改井，无丧无得，往来井井。理论具井三义：朝代改变，理论不变；取之不尽，用之不竭；逻辑严密，井井有条。建立理论如凿井，故卦名井。井是心里接受一个思想，从而付出劳动将它建立为理论，因而是接受思想和建立理论的统一，分别由下卦巽和上卦坎表示。井在本质上是接受思想，在表面上是建立理论。对一个思想不接受，就不会将其建立为理论，也就没有井。接受一个思想，而不付出劳动将它建立为理论，井道不成。井的过程是一个接受思想的过程。付出的劳动越多，所建立的理论越大。

《易》说：井有三义：改邑不改井，无丧无得，往来井井。庶几将升井得其泉而羸其瓶，凶。汔音汽，庶几，差不多。繘（音育）井，用绳汲取井水。羸音垒，困。

《彖》说：巽乎水而上水，为井。井之义，养而不穷。改邑不改井，乃以刚中。汔至亦未繘井，意味着未有功。羸其瓶，是以凶。

《象》说：井的行为像木上有水，君子效法之，以给百姓讲道理，慰劳人民，规劝帮助。

初六，井泥不食，旧井无禽。

《象》曰：井泥不食，下也；旧井无禽，时舍也。

初六表示井的初始。新理论刚开始建立，很不成熟，糟粕很多，不可接受，旧理论已经过时，被大家所抛弃。

《易》说：井之初，新凿的井尚无清水，只有烂泥一堆，不可食用，旧井已经废弃，无禽云集。禽，走兽总名。

《象》说：井泥不食，意思是下等井。旧井无禽，意思是时止。

九二，井谷射鲋，瓮敝漏。

《象》曰：井谷射鲋，无与也。

九二表示井的中期。新理论渐渐成熟起来，糟粕越来越少，但是有瑕疵，不会句句是真理，总有不当者，也不会天衣无缝，总有逻辑不严密者。

《易》说：井之中，井出水，井谷跳出小鱼，井壁漏水如瓮敝漏。鲋音付，小鱼。瓮，盛水酒的陶器。敝，破烂。

《象》说：井谷射鲋，意思是无与。与，给。

九三，井渫不食，为我心恻，可用汲，王明，并受其福。

《象》曰：井渫不食，行恻也；求王明，受福也。

九三表示井的终期。新理论已经成熟，可以接受，然而大家不了解，应用还少。

《易》说：井之终，井水清澈见底，众人不食，我心恻，可汲用之，希望王明用井，众人和王并受其福。渫音泄，除去污秽。

《象》说：井渫不食，使我心恻。希望王明，并受其福。

六四，井甃，无咎。

《象》曰：井甃无咎，修井也。

六四表示井之下。理论不完善，需要修改。

《易》说：井之下，修整井壁，无咎。甃音宙，井壁。

《象》说：井甃无咎，意思是修井。

九五，井洌，寒泉食。

《象》曰：寒泉之食，中正也。

九五表示井之中。理论如寒泉，养人不穷。

《易》说：井之中，井洌寒泉，众人食。洌音列，水清而寒。

《象》说：寒泉之食，因为中正。

上六，井收，勿幕，有孚，元吉。

《象》曰：元吉在上，大成也。

上六表示井之上。理论大成，造福人类。

《易》说：井之上，井收，勿用幕布遮盖，有信于大众，元吉。

《象》说：元吉在上六，井道大成。

四九　革

䷰ 革，已日乃孚，元亨，利贞，悔亡。

《彖》曰：革，水火相息，二女同居，其志不相得，曰革。已日乃孚，革而信之。文明以说，大亨以正，革而当，其悔乃亡。天地革而四时成，汤武革命，顺乎天而应乎人，革之时大矣哉！

《象》曰：泽中有火，革，君子以治历明时。

革卦表示改革、变革、革新、改变的行为。革义为去故，如将兽皮改变为革，故卦名革。革是对现状不满，于是按照自己的理想去改变它，当改变的结果符合自己的理想时，心里就会感到喜悦。因而革是实现理想和内心喜悦的统一，分别由下卦离和上卦兑表示。革在本质上是实现理想，在表面上是内心喜悦。缺乏理想，或者虽然有理想但是不去实现它，就没有革。有理想，但是实现的效果不好，使人不喜悦，革道不成。革的过程是一个实现理想的过程，革的程度决定于喜悦的程度。

《易》说：革除旧敝，成功进行之日乃信，大亨，利正，革而当，悔亡。已，已经。孚，信。贞，正。

《彖》说：革义为水火相息。二女同居，其志不相得，叫革。已日乃孚，意思是革而信之。文明以悦，大亨以正，革而当，其悔乃亡。天地革而四时成，汤武革命，顺乎天而应乎人，革之时大啊！说读作悦。

《象》说：革的行为像泽中有火，君子效法之，以治理历法，明确时间。

初九，巩用黄牛之革。

《象》曰：巩用黄牛，不可以有为也。

初九表示革的初始。革的时机很重要，时未至不可以革。

《易》说：革之初，时机未成熟，不可以革，相反，要用黄牛之皮革把当前的现状巩固起来，丝毫不作改变。巩，巩固。

《象》说：巩固用黄牛之皮革，意思是不可以有为。

六二，已日乃革之，征吉，无咎。

《象》曰：已日革之，行有嘉也。

六二表示革的中期。时至乃革之。革不会一帆风顺，一定会有人反对。只有对反对的人进行征讨，革才能顺利进行。

《易》说：革之中，时机成熟之日乃革之，征讨反对革的人吉，无咎。

《象》说：时至乃革之，这样的行为有嘉。

九三，征凶，贞厉。革言三就，有孚。

《象》曰：革言三就，又何之矣？

九三表示革的终期。革完成，这时继续对反对革的人进行征讨就没有必要了。

《易》说：革之终，革完成以后，继续征讨反对革的人凶。革的时间持续太长有危险。对革目标作出的承诺，只要有三条兑现，就能取信于民众。贞，久。厉，危险。

《象》说：革承诺有三条已经兑现，还能怎样呢？

九四，悔亡，有孚，改命，吉。

《象》曰：改命之吉，信志也。

九四表示革之下。改变世界，由此改变个人命运。

《易》说：革之下，改变世界，无不当，悔亡，有信，个人的命运随之改变，吉。

《象》说：改命之吉，人之志可信如此。

九五，大人虎变，未占有孚。

《象》曰：大人虎变，其文炳也。

九五表示革之中。大人能够在根本上彻底改变自己，新旧变化之光鲜堪比虎纹。

《易》说：革之中，在根本上彻底改变自己，焕然一新，美如虎纹，只有大人能够做到，不用占卜，可以信赖。炳音丙，明。

《象》说：大人虎变，意思是其文鲜明。

上六，君子豹变，小人革面，征凶，居贞吉。

《象》曰：君子豹变，其文蔚也；小人革面，顺以从君也。

上六表示革之上。君子做不到大人那样彻底改变自己，但是可以显著改变自己，前后变化之差别堪比豹纹。小人做不到君子那样显著改变自己，更做不到大人那样彻底改变自己，只能表面上改变自己而已。

《易》说：革之上，显著改变自己，焕然一新，美如豹纹，只有君子能够做到。小人能够做到的只是改变面目。征讨阻碍自己改变的人凶，居正吉。贞，正。

《象》说：君子豹变，意思是其文采斐然。小人革面，意思是顺以从君。蔚读作斐（音匪），分别之文叫斐。

五〇　鼎

䷱ 鼎，元吉亨。

《彖》曰：鼎，象也。以木巽火，亨饪也。圣人亨以享上帝，而大亨以养圣贤。巽而耳目聪明，柔进而上行，得中而应乎刚，是以元亨。

《象》曰：木上有火，鼎，君子以正位凝命。

鼎卦表示担当任务的行为。任务像鼎体，听取意见像鼎耳，心胸像鼎容，见解像鼎实，能力像鼎铉，故卦名鼎。鼎义为取新，意思是接受别人意见让自己变得更加聪明，因而是接受别人意见和自己更聪明的统一，分别由下卦巽和上卦离表示。鼎在本质上是接受别人意见，在表面上是变得更聪明。不接受别人意见，别人的智慧不利用，单靠自己的智慧，不足以担当重任，就没有鼎。接受别人的意见而没有让自己变得更加聪明，鼎道不成。鼎的过程是一个接受别人意见的过程。自己越聪明，能承担的任务越重。

《易》说：听取意见如鼎烹饪，大亨。吉字衍。

《彖》说：鼎为烹饪之象。卦象为以木巽火，这是烹饪之义。圣人烹饪以享上帝，而大烹以养圣贤。听取圣贤的话而耳目聪明，柔进而上行，得中而应乎刚，是以元亨。亨饪、圣人亨、大亨之亨读作烹。

《象》说：鼎的行为像木上有火，君子效法之，以端正其位，凝聚使命，勇于担当。

初六，鼎颠趾，利出否，得妾以其子，无咎。

《象》曰：鼎颠趾，未悖也；利出否，以从贵也。

初六表示鼎的初始。对于一个崭新的任务，由于对怎样完成缺乏认识，自然而然乐于虚心听取所有人的意见，不管是哪方面的意见都愿意听。在这种情况下，利于抛弃胸中成见。

《易》说：鼎之初，为了完成新任务，虚心听取所有人意见，就像使用一座新鼎，烹饪之前对鼎进行清洗，颠倒鼎趾，利于倒出里面脏物一样。为了听到一条重要意見，有时不得不听一大堆不重要意见，好比妾贱子贵，为了得子，不得不得妾，无咎。颠，倒。否音痞，恶。

《象》说：鼎颠趾，于鼎义未悖。吐故，目的在于纳新。

九二，鼎有实，我仇有疾，不我能即，吉。

《象》曰：鼎有实，慎所之也；我仇有疾，终无尤也。

九二表示鼎的中期。任务比较熟悉以后，心里对如何完成它已经有了主意，这就像用过的鼎，里面装有食物。在这个情况下，听取意见就会是有选择性的了，支持的意见听，不支持的就不听。

《易》说：鼎之中，胸中已经有了一定见解，就像鼎有食物，仇人因此感到不快，像有疾病似的，我要去别人那里听取意见，却不能去仇人那里，吉。仇，仇敌。

《象》说：鼎有实，意思是谨慎选择所去听取意见之处。我仇有疾，我终无过失。尤，过失。

九三，鼎耳革，其行塞，雉膏不食，方雨亏悔，终吉。

《象》曰：鼎耳革，失其义也。

九三表示鼎的终期。一旦对任务十分熟悉，工作做得好，对怎样完成任务有了充分认识，就会认为自己是正确的，别人是不正确的，开始喜欢听赞扬的话，不喜欢听取别人意见，更不喜欢听批评的话了。

《易》说：鼎之终，耳不知不觉发生了变化，爱听顺耳之言，不爱听逆耳之言，不喜欢主动走访，结果宝贵之言听不到，就像鼎耳起了变化，移动受到阻塞，结果雉膏不食一样，能改正则减少悔意终吉。革，变化。雉膏，食之美者。

《象》说：鼎耳革，这样做失鼎义。

九四，鼎折足，覆公𫗧，其刑渥，凶。

《象》曰：覆公𫗧，信如何也。

九四表示鼎之下。能力小，任务重，却不能听取别人意见，一定不胜其任。

《易》说：鼎之下，力小而任重，不胜其任，如鼎折足，倾覆公𫗧，其形湿渥，凶。𫗧音速，鼎中的食物。渥音握，沾湿。

《象》说：覆公𫗧，力小而任重，必不胜其任，不信试试看！

六五，鼎黄耳，金铉，利贞。

《象》曰：鼎黄耳，中以为实也。

六五表示鼎之中。能力大，任务重，能够听取别人意见，一定能胜其任。

《易》说：鼎之中，能听逆言，如鼎黄耳，能胜任工作，如金铉，利正。铉音炫，横穿鼎的两耳用以举鼎的木杠。金铉，两端镶嵌金属的铉。

《象》说：鼎黄耳，意思是以无偏见为实。

上九，鼎玉铉，大吉，无不利。

《象》曰：玉铉在上，刚柔节也。

上九表示鼎之上。能力很大，任务重，即使不听取别人意见，也完全能胜其任。

《易》说：鼎之上，举重若轻，如鼎玉铉，大吉，无不利。玉铉，两端镶嵌宝玉的铉。

《象》说：玉铉在上九，因为刚柔有节。

五一　震

䷲ 震，亨。震来虩虩，笑言哑哑。震惊百里，不丧匕鬯。

《彖》曰：震，亨。震来虩虩，恐致福也。笑言哑哑，后有则也。震惊百里，惊远而惧迩也。出可以守宗庙社稷，以为祭主也。

《象》曰：洊雷，震，君子以恐惧修省。

震卦表示动的行为。震导致动，故卦名震。震指令人震动的事件。这个事件一发生，将令人内心产生震动，使人感到恐惧不安，从而促使人作出行动。震刚来时产生的震动效应最大，随着时间的推移，震动效应逐步衰减。震的最大作用是恐惧致福。若做错事，震来会感到恐惧，赶忙采取行动纠正错误，过后做事就符合原则。因此，有恐惧之心，是人的福分；没有恐惧之心，反而令人恐惧。

《易》说：因震而动，亨通。若做错了什么，震来恐惧虩虩，后笑言哑哑。若没有做错什么，虽然震惊百里，仍然镇定自如，不丧匕鬯。虩（音隙）虩，恐惧的样子。哑哑，笑声。匕音比，古代取食的用具。鬯音畅，古代宗庙祭祀用的香酒。

《彖》说：震，亨。震來虩虩，意思是恐致福。笑言哑哑，意思是后有则。震惊百里，意思是惊远而惧迩。出可以守宗庙社稷，以为祭主。迩音尔，近。

《象》说：震的行为像洊雷，君子戒之，以因为恐惧而修省。洊音荐，一次又一次。

初九，震来虩虩，后笑言哑哑，吉。

《象》曰：震来虩虩，恐致福也；笑言哑哑，后有则也。

初九表示震之初始。震刚来的时候，一般会感到虩虩然恐惧。这种事情如果发生于一个人做了错事，他就会由于恐惧而立即采取行动，使今后做事有原则，由于以后做事有原则而一切平安，由于平安而笑言哑哑。

《易》说：震之初，震来虩虩然恐惧，过后笑言哑哑，吉。

《象》说：震來虩虩，意思是恐惧致福。笑言哑哑，意思是后有原则。

六二，震来厉，亿丧贝，跻于九陵，勿逐，七日得。

《象》曰：震来厉，乘刚也。

六二表示震之中期。震多来几次以后，人一般不感到恐惧而感到危险。当一个人将犯错误而未犯错误的时候，震来也会是这样的感觉。这时，他一般会采取紧急措施加以预防，以确保将来不犯错误，就像为预防洪水而登于九陵。这个过程可能使其有所丧失，但是，丧失只是暂时的，用不了多久就会自动弥补。

《易》说：震之中，震来的时候感到危险，由此而丧失宝贝，为了避险登于九陵，诫勿逐所失，七日之后，将复得。厉，危险。亿，无义之辞。跻音机，登。

《象》说：震来感到危险，因为乘刚。乘柔性的马叫乘柔，乘刚性的马叫乘刚，乘柔马顺从于人，乘刚人顺从于马，这里的“马”指生存环境。

六三，震苏苏，震行无眚。

《象》曰：震苏苏，位不当也。

六三表示震的终期。震来的次数很多以后，人既不会感到恐惧，也不会感到危险。如果一个人认为自己既没有做什么错事，也没有做错事的风险，那么，震来也会是这样的感觉。

《易》说：震之终，震来的时候跟从昏迷中苏醒一样，震离开的时候跟眚病痊愈了一样。眚音省，目生翳。

《象》说：震来苏醒，既不感到恐惧，也不感到危险，因为位不当。

九四，震遂泥。

《象》曰：震遂泥，未光也。

九四表示震之下。一般来说，震让人动作迅速而大。但是，如果心里有抵触，作出的动作就会迟缓而小。这种情况会发生在当一个人明明做了错事，却没有认识到的时候。

《易》说：震之下，震的作用不大，如坠入泥中。遂读作坠。

《象》说：震如坠入泥中，震道未光明。

六五，震往来厉，亿无丧，有事。

《象》曰：震往来厉，危行也；其事在中，大无丧也。

六五表示震之中。通常是在震到来以后才采取行动。但是，也可以在震根本没有到来之时，把它当作已经到来并且一直没有离开，随时随地采取行动，这样做可以最大程度地避免过失。

《易》说：震之中，震来感到危险，震往也感到危险，唯恐有失，所以一直危言危行，如此一来，自然有事，但是没有丧失。

《象》说：震往来厉，因此危言危行。其事在中，大大的无丧。

上六，震索索，视矍矍，征凶。震不于其躬，于其邻，无咎，婚媾有言。

《象》曰：震索索，中未得也；虽凶无咎，畏邻戒也。

上六表示震之上。极端情况是，即使没有做错事，震来也被吓住，感到十分恐怖。

《易》说：震之上，震来的时候感到十分恐怖，其身索索，其视矍矍，征凶，震之威未降临于其身，而降临于其邻，以此为戒，无咎，亲戚朋友有言。索索，颤抖貌。矍（音觉）矍，彷徨四顾貌。躬，身。媾，再婚为媾。婚媾，亲戚。有言，闲话。

《象》说：震索索，因为中未得。虽凶无咎，因为以邻为戒。

五二　艮

䷳ 艮其背，不获其身，行其庭，不见其人，无咎。

《彖》曰：艮，止也。时止则止，时行则行，动静不失其时，其道光明。艮其止，止其所也。上下敌应，不相与也，是以不获其身，行其庭，不见其人，无咎也。

《象》曰：兼山，艮，君子以思不出其位。

艮卦表示止的行为。使行动停止下来，叫止。要使某个行动停止，当其将动而未动的时候出手，用力最小。止可以避害。人受伤害，常常是因为行动不当。停止不当行动，别人欲加害而不能。要停止不当行动，最好连想都不想。

《易》说：止其当止，别人欲加害而不能获其身，虽行其庭，不见其人，无咎。艮音亘。背，止。凡行走，唯背不动，故背是止的意思。

《彖》说：艮就是止。时止则止，时行则行，动静不失其时，其道光明。艮其止，意思是止其所。上下敌应，不相友好，是以不获其身，行其庭，不见其人。

《象》说：艮的行为像兼山，君子效法之，以思考不超出其位。兼，并。

初六，艮其趾，无咎，利永贞。

《象》曰：艮其趾，未失正也。

初六表示艮之初始。要止自己的某个不正确行动，最有效的办法是在产生出行动念头、未思考行动细节的时候止之。要止别人的某个不正确行动，最有效的办法是在其未失正的时候止之。

《易》说：艮之初，止于微，在其尚未起步之时止其趾，无咎，利永正。贞，正。

《象》说：什么时候止叫止其趾？在其未失正的时候止叫止其趾。

六二，艮其腓，不拯其随，其心不快。

《象》曰：不拯其随，未退听也。

六二表示艮的中期。要止自己的某个不正确行动，已经有了念头，要在正思考行动的细节、未开始实际行动的时候止之。要止别人的某个不正确行动，已经失正，要在还能听我的话的时候止之。

《易》说：艮之中，止于小，在起步时止其腓，不拯其随，其心不快。腓音匪，腿肚子。

《象》说：什么时候止叫止其腓不拯其随？在已经失正而未退出听从我的时候止叫止其腓不拯其随。

九三，艮其限，列其夤，厉薰心。

《象》曰：艮其限，危薰心也。

九三表示艮的终期。要止自己的某个不正确行动，已经开始行动，要在行动的时候止之，给行动设置限制，这时情况非常危急，因为限制不住就止不住了。要止别人的某个不正确行动，已经不听我的话，给行动设置限制，这时情况非常危急，因为限制不住就止不住了。

《易》说：艮之终，止于著，在迈步时止其限，裂其夤，危险熏心。限，限制，一说腰。列读作裂。夤音寅，夹脊肉。厉，危险。薰通熏，音勋，火烟上出。

《象》说：止其限，危险熏心。

六四，艮其身，无咎。

《象》曰：艮其身，止诸躬也。

六四表示艮之下。没管住身，不该做的事情做了，灾难不断。管住身，不该做的事情不做，一生无灾。

《易》说：艮之下，止其身，无咎。

《象》说：止其身，意思是止诸躬。躬，身。

六五，艮其辅，言有序，悔亡。

《象》曰：艮其辅，以中正也。

六五表示艮之中。没管住嘴，不该说的话说了，该说的话没有说好，后悔。管住嘴，不该说的话不说，该说的话说好，悔亡。

《易》说：艮之中，止其嘴，言语有序，悔亡。辅，颊骨，指嘴。

《象》说：止其嘴悔亡，因为中正。

上九，敦艮，吉。

《象》曰：敦艮之吉，以厚终也。

上九表示艮之上。做个忠厚老实人，不该做的事坚决不做，不该说的话坚决不说，像一座厚重的山，永远矗立不倒，叫敦艮。

《易》说：艮之上，敦艮，吉。

《象》说：敦艮之吉，以厚终结。

五三　渐

䷴ 渐，女归吉，利贞。

《彖》曰：渐之进也，女归吉也。进得位，往有功也。进以正，可以正邦也。其位，刚得中也。止而巽，动不穷也。

《象》曰：山上有木，渐，君子以居贤、德、善、俗。

渐卦表示渐进的行为。进以渐为善，故卦名渐。渐是停止激进行动从而使自己能够接受，因而是停止激进和内心接受的统一，分别由下卦艮和上卦巽表示。渐在本质上是停止激进，在表面上是内心接受。不停止激进就没有渐。停止激进而心里不接受，渐道不成。渐的过程是一个停止激进的过程，渐的程度决定于内心接受的程度。

《易》说：渐进，女人出嫁这样做吉，利正。归，女嫁。贞，正。

《彖》说：渐进，女归吉。进得位，往有功。进以正，可以正邦。其位，刚得中。止而巽，动不穷。

《象》说：渐的行为像山上有木，君子效法之，以进而居贤、德、善、俗。

初六，鸿渐于干，小子厉，有言，无咎。

《象》曰：小子之厉，义无咎也。

初六表示渐的初始。进保守。因进不远而有言，因退可守而无咎。小子性急，进保守危险。

《易》说：渐之初，鸿雁从水进于水畔，小子这样做危险。有言，无咎。鸿，鸿雁。干，水畔。厉，危险。

《象》说：小子之厉，其义无咎。

六二，鸿渐于磐，饮食衎衎，吉。

《象》曰：饮食衎衎，不素饱也。

六二表示渐的中期。进适中，既不保守也不激进，进可攻，退可守。

《易》说：渐之中，如鸿雁从水进于岸边磐石，饮食和乐，吉。磐音盘，大石。衎音看，行喜貌。

《象》说：饮食和乐，意思是不素饱。

九三，鸿渐于陆，夫征不复，妇孕不育，凶，利御寇。

《象》曰：夫征不复，离群丑也；妇孕不育，失其道也；利用御寇，顺相保也。

九三表示渐的终期。激进而离群，激进而失道。征战的时候，还没到冲锋的时候，就一个人冲出去，没有活着回来的。女人还没有结婚就怀孕，没有把孩子生出来自己养育成人的。

《易》说：渐之终，鸿雁从水进于陆地，夫征不复，妇孕不育，凶。利御寇。

《象》说：夫征不复，这样做离群。妇孕不育，这样做失道。利用御寇，顺势相保。

六四，鸿渐于木，或得其桷，无咎。

《象》曰：或得其桷，顺以巽也。

六四表示渐之下。进得小安。

《易》说：渐之下，鸿雁从水进于木，或得其桷，无咎。桷音角，椽方叫桷，这里指平直如桷的树枝。

《象》说：或得其桷，因为顺从于客观环境，接受当时条件。顺，顺从。巽，接受。

九五，鸿渐于陵，妇三岁不孕，终莫之胜，吉。

《象》曰：终莫之胜吉，得所愿也。

九五表示渐之中。进得位。

《易》说：渐之中，鸿雁从水进于高陵。妇明媒正娶过门，虽三年不孕，家人终莫之胜。吉。陵，大阜；阜，大陆；陆，高平。岁，年。

《象》说：终莫之胜吉，妇得所愿。

上九，鸿渐于陆，其羽可用为仪，吉。

《象》曰：其羽可用为仪吉，不可乱也。

上九表示渐之上。激进而容貌不失整齐。

《易》说：渐之上，鸿雁从水进于陆地，羽毛不乱，可用为仪式，吉。

《象》说：其羽可用为仪式吉，因为不可慌乱。

五四　归妹

䷵ 归妹，征凶，无攸利。

《彖》曰：归妹，天地之大义也。天地不交，而万物不兴。归妹，人之终始也。说以动，所归妹也。征凶，位不当也。无攸利，柔乘刚也。

《象》曰：泽上有雷，归妹，君子以永终知敝。

归妹卦表示回归的行为。结束原岗位工作，开始新岗位工作，或者，结束一件事情，开始做另一件事情，叫回归。回归的常见例子是女人出嫁：做姑娘的日子结束，开始为人妻，故卦名归妹。归妹是内心喜悦从而变动工作，因而是内心喜悦和工作变动的统一，分别由下卦兑和上卦震表示。归妹在本质上是内心喜悦，在表面上是变动工作。内心不喜悦，就不会结束原工作而开始新工作，也就没有归妹。内心喜悦，而不变动工作，归妹之道不成。归妹的过程是一个内心喜悦的过程，归妹的程度决定于工作变动的程度。回归以后，不可批评原来的做法，那样做凶无攸利。

《易》说：归妹，征凶，无攸利。归，女嫁。

《彖》说：归妹，乃天地之大义。天地不交，万物不兴。归妹义之广，涵盖人之终始。悦以动，所归妹也。征凶，因为位不当。无攸利，因为柔乘刚。说读作悦。

《象》说：归妹的行为像泽上有雷，君子效法之，以永远终结过去，从而知道过去的弊病。

初九，归妹以娣，跛能履，征吉。

《象》曰：归妹以娣，以恒也；跛能履，吉相承也。

初九表示归妹的初始。回归以后凡事让别人作主。

《易》说：归妹之初，归妹以娣，凡事让别人作主，跛能履，事情能做但做不好，在此情况下发挥自己的作用，对原来的做法作一定修正，吉。娣音弟，古代二女共嫁一夫，从者为娣，长者为须，嫡者为君。跛，行走不正。

《象》说：归妹以娣，可以恒久。跛能履，接下来是吉。

九二，眇能视，利幽人之贞。

《象》曰：利幽人之贞，未变常也。

九二表示归妹的中期。回归以后有的事情别人作主，有的事情自己作主。

《易》说：归妹之中，眇能视，能看但看不清楚，利幽人之贞。幽人之贞：走大路不走小路，走正路不走邪路，不受外物干扰。眇音秒，一目小。幽人，盲人。

《象》说：利幽人之贞，意思是坚持未变之常。

六三，归妹以须，反归以娣。

《象》曰：归妹以须，未当也。

六三表示归妹的终期。回归以后凡事自己作主。

《易》说：归妹之终，归妹以须，回归以后凡事由自己作主，行不通，反过来归妹以娣，凡事让别人作主。

《象》说：归妹以须，这样做未当。

九四，归妹愆期，迟归有时。

《象》曰：愆期之志，有待而行也。

九四表示归妹之下。回归延迟。

《易》说：归妹之下，归妹错过佳期，迟归有时。愆音牵，延误。

《象》说：既然延误，只能等待而行。

六五，帝乙归妹，其君之袂，不如其娣之袂良，月几望，吉。

《象》曰：帝乙归妹，不如其娣之袂良也；其位在中，以贵行也。

六五表示归妹之中。按时回归。

《易》说：归妹之中，殷公主出嫁，帝乙举行盛大婚礼，其君之袂不如其娣之袂良，仪式近乎完美，吉。帝乙，殷帝。袂音妹，衣袖。

《象》说：帝乙归妹，其君之袂不如其娣之袂良。公主之位在中，以贵出行。

上六，女承筐无实，士刲羊无血，无攸利。

《象》曰：上六无实，承虚筐也。

上六表示归妹之上。回归提前。

《易》说：归妹之上，有人送筐，女子接过来一看，里面没有物；有人送羊，男子接过来一刺，里面没有血，无攸利。承，奉。士，未婚男子。刲音亏，刺。虚，空。

《象》说：上六无实，意思是承接虚筐。

五五　丰

䷶ 丰，亨，王假之，勿忧，宜日中。

《彖》曰：丰，大也。明以动，故丰。王假之，尚大也。勿忧宜日中，宜照天下也。日中则昃，月盈则食，天地盈虚，与时消息，而况于人乎？况于鬼神乎？

《象》曰：雷电皆至，丰，君子以折狱致刑。

丰卦表示做大的行为。智慧加动可以做大事物，所以丰是智慧和动的统一，分别由下卦离和上卦震表示。丰在本质上是运用智慧，在表面上是动。没有智慧就不能做大事物，也就没有丰。有智慧而不动，丰道不成。丰的过程是一个运用智慧的过程，丰的程度决定于动的程度。凡物之大总存在一个极限，在极限之内无咎，超过极限有灾。

《易》说：把事物做大，亨通，王做到了。宜将事物做大到极限，在此之前勿忧。假读作徦，至。

《彖》说：丰就是做大。明以动，故能做大。王至之，因为尚大。勿忧宜日中，宜照天下。日中则昃，月盈则食，天地盈虚，与时消息，而何况于人呢？何况于鬼神呢？

《象》说：丰的行为像雷电皆至，君子效法之，以审明案情细节，断结案子，实施刑罚。

初九，遇其配主，虽旬无咎，往有尚。

《象》曰：虽旬无咎，过旬灾也。

初九表示丰的初始。开始做大。

《易》说：丰之初，遇适合做大的事物，尽量做大它，虽达到极限，无咎。做到很大，有人崇尚。

《象》说：虽大到极限无咎，意味着超过极限有灾。

六二，丰其蔀，日中见斗，往得疑疾，有孚发若，吉。

《象》曰：有孚发若，信以发志也。

六二表示丰的中期。做大到一定程度，就会对该事物看得很清楚，而其它事物却显得很暗淡。

《易》说：丰之中，把事物做大到一定程度，此时就像丰其蔀草，导致天空黑暗，以至于大白天能见到北斗七星。在这一过程中，可能对进一步做大产生疑虑，信以发志吉。蔀音部，覆盖于棚架用以遮阳的草席。斗，北斗星。

《象》说：有孚发若，意思是信以发志。

九三，丰其沛，日中见沬，折其右肱，无咎。

《象》曰：丰其沛，不可大事也；折其右肱，终不可用也。

九三表示丰的终期。进一步把事物做大，事物所有细节都会看得非常清楚，而其它事物则显得更加暗淡。

《易》说：把事物做到很大的程度，此时就像丰其旆，导致天空十分黑暗，以至于大白天能见到北斗斗杓后的小星。在此过程中，折断右肱，无咎。沛读作旆，音配，旗。沬，斗杓后小星。肱音弓，手臂。

《象》说：丰其旆，意味着不可大事。折其右肱，意味着右肱终不可用。

九四，丰其蔀，日中见斗，遇其夷主，吉。

《象》曰：丰其蔀，位不当也；日中见斗，幽不明也；遇其夷主吉，行也。

九四表示丰之下。所处位置不当，事物不能做到很大，除非碰巧遇到一个极其容易做大的事物。

《易》说：丰之下，尽了最大努力，只把事物做大到一定程度，此时像丰其蔀草，导致天空黑暗，以至于大白天能见到北斗七星。遇容易做大的事物，吉。

《象》说：九四丰其蔀，做得不够大，因为位不当。日中见斗，意思是对其它事物幽暗不明。遇其容易做大的事物吉，意思是丰道行。

六五，来章，有庆誉，吉。

《象》曰：六五之吉，有庆也。

六五表示丰之中。既具备有关条件，又处在恰当位置，可以把事物做到很大。

《易》说：丰之中，把事物做到很大，效果章显，有喜庆有荣誉，吉。

《象》说：六五之吉，意思是有庆。

上六，丰其屋，蔀其家，窥其户，阒其无人，三岁不觌，凶。

《象》曰：丰其屋，天际翔也；窥其户阒其无人，自藏也。

上六表示丰之上。并不是任何事物都越大越好，有的事物做得太大了反而不好。

《易》说：丰之上，丰其屋，草木遮蔽其家，窥其户，寂静无人，三年不见踪影，凶。蔀，遮蔽。窥音亏，小视。阒音去，寂静。岁，年。觌音笫，见。

《象》说：丰其屋，其志之高如飞翔于天际。窥其户寂静无人，因为屋大自藏。

五六 旅

䷷ 旅，小亨，旅贞吉。

《彖》曰：旅小亨，柔得中乎外而顺乎刚，止而丽乎明，是以小亨、旅贞吉也。旅之时义大矣哉！

《象》曰：山上有火，旅，君子以明慎用刑而不留狱。

旅卦表示旅行的行为。人生如旅：做好一项工作，接着做下一项工作，好比旅行把一个地方的景物看清楚以后，接着去下一个地方。旅是到了景点就停止下来从而使自己能够看清楚景物，因而是停止前进和看清景物的统一，分别由下卦艮和上卦离表示。旅在本质上是到了景点就停止下来，在表面上是观看景物。到了景点不停止下来或停止的时间不够，就看不清景物，也就没有旅。到了景点停止下来足够时间，但是没有把景物看清楚，旅道不成。旅的过程是一个到了一个地方就停止的过程，旅的程度决定于把景物看得有多明白。

《易》说：旅，小亨，旅正吉。贞，正。

《彖》说：旅，柔得中乎外而顺乎刚，止而丽乎明，是以小亨、旅贞吉。旅之时义大啊！

《象》说：旅的行为像山上有火，君子效法之，以明白谨慎使用刑罚，不羁押疑犯。

初六，旅琐琐，斯其所取灾。

《象》曰：旅琐琐，志穷灾也。

初六表示旅的初期。一项工作没有做好，接着做下一项工作，下一项工作也难以做好。

《易》说：旅之初，停留的时间太短，还没有看清楚景物就急忙转移至下一个景点，叫旅琐琐，这正是其所自取的灾。琐琐，细小貌。

《象》说：旅琐琐，志穷所以有灾。

六二，旅即次，怀其资，得童仆贞。

《象》曰：得童仆贞，终无尤也。

六二表示旅的中期。一项工作做好了，接着做下一项工作，下一项工作也会做好。工作中转好比旅舍，工作基础好比资金，别人支持好比童仆忠贞。

《易》说：旅之中，停留的时间合适，把景物都看清楚了，然后抵达旅舍休息，准备去下一个景点，怀里有足够资金，童仆对自己忠诚。即，就。次，舍。

《象》说：得童仆忠贞，意思是终无过失。尤，过失。

九三，旅焚其次，丧其童仆贞，厉。

《象》曰：旅焚其次，亦以伤矣；以旅与下，其义丧也。

九三表示旅的终期。一项工作做好了，没有接着做下一项工作，时间一长，可能永远失去做下一项工作的机会。

《易》说：旅之终，停留的时间过长，把旅舍焚烧了，童仆不再忠诚，危险。厉，危险。

《象》说：旅行焚烧了旅舍，本人也会以此受到伤害。以旅而不及时转移，其义必然失去别人支持。

九四，旅于处，得其资斧，我心不快。

《象》曰：旅于处，未得位也；得其资斧，心未快也。

九四表示旅之下。一直在一个岗位上工作。

《易》说：旅之下，旅行到达某个景点，就一直处于那里不变动，这让我感到不快。

《象》说：旅行到达某个去处，但是未得位。不变动地方，我心未快。

六五，射雉，一矢亡，终以誉命。

《象》曰：终以誉命，上逮也。

六五表示旅之中。从一个岗位变动到另一个更重要的岗位。

《易》说：旅之中，旅行到达的地方让他尽展才华，射雉百发九十九中，一矢亡，终以良好声誉受命。

《象》说：终以良好声誉受命，因为上闻及其名声。

上九，鸟焚其巢，旅人先笑后号咷，丧牛于易，凶。

《象》曰：以旅在上，其义焚也；丧牛于易，终莫之闻也。

上九表示旅之上。工作出现根本问题，名声扫地。

《易》说：旅之上，像鸟焚其巢，旅人之前还在笑，而现在却只有号咷，名声扫地如丧牛于疆埸，凶。号咷（音桃），呼鸣。易读作埸，音易，疆界。

《象》说：以旅卦在上九之位，其义所居之巢必然焚毁。丧牛于埸，意思是终莫之闻。

五七 巽

䷸ 巽，小亨，利有攸往，利见大人。

《彖》曰：重巽以申命，刚巽乎中正而志行，柔皆顺乎刚，是以小亨，利有攸往，利见大人。

《象》曰：随风，巽，君子以申命行事。

巽卦表示巽的行为。别人说的话，如果接受，就会听从，这样的行为叫巽。巽是接受、听从的意思。有时自己不知道怎么做，别人知道，听从别人的话就能做，所以小亨，利有所往，利见大人。

《易》说：巽，小亨，利有所往，利见大人。

《彖》说：重巽以申命，刚巽乎中正而志行，柔皆巽乎刚，是以小亨，利有攸往，利见大人。

《象》说：巽的行为像随风，君子效法之，以申明命令，推行要事。

初六，进退，利武人之贞。

《象》曰：进退，志疑也；利武人之贞，志治也。

初六表示巽的初期。别人说的话，一律听从。这样的情况一般发生于心里有疑问的时候。

《易》说：巽之初，进退不定时，利武人之贞，一切听从别人。武人，军人。

《象》说：进退不定，意思是心里有疑问，拿不定主意。利武人之贞，意思是不想乱，想治。

九二，巽在床下，用史巫，纷若，吉，无咎。

《象》曰：纷若之吉，得中也。

九二表示巽的中期。别人说的话，有的听从，有的不听从。这种情况一般发生于心里有主见的时候。

《易》说：巽之中，即使在不知怎么办、只能听从别人的情况下，也仍然采用史官、巫师所用的方法，选择性地听从，就像剑鞘一样，剑中正能插入，不中正不能插入，吉，无咎。纷，马尾剑衣。

《象》说：如剑鞘吉，因为得中。

九三，频巽，吝。

《象》曰：频巽之吝，志穷也。

九三表示巽的终期。别人说的话，想听从，又想不听从。这种情况一般发生于心里没有主见的时候。

《易》说：巽之终，想听从，又想不听从，最终听从，濒临不听从的边缘，叫频巽，吝。频音宾，今濒字。

《象》说：频巽之吝，因为志穷，没有想好究竟是听从还是不听从。

六四，悔亡，田获三品。

《象》曰：田获三品，有功也。

六四表示巽之下。已经有了主意，别人说的更好，听从以后一定有更大收获。

《易》说：巽之下，有了主意而听从了别人，悔亡，打猎获三样猎物。田，猎。

《象》说：打猎获三样猎物，意思是有功。

九五，贞吉，悔亡，无不利，无初有终。先庚三日，后庚三日，吉。

《象》曰：九五之吉，位正中也。

九五表示巽之中。别人说的话，正确的听从，不正确的不听从。开始不好，结局好。某日做某事，来了此人，此人说的对，更换做法照此人说的做了三日，后来来了彼人，彼人说的又不同，彼人说的对，又更换做法照彼人说的做了三日。

《易》说：巽之中，不管是谁，只要说得对，都照他说的办，正吉，悔亡，无不利，无初有终。做某事，先听从此人，更做三日，后听从彼人，更做三日，吉。贞，正。庚，更。

《象》说：九五之吉，因为位正中。

上九，巽在床下，丧其资斧，贞凶。

《象》曰：巽在床下，上穷也；丧其资斧，正乎凶也。

上九表示巽之上。不管别人说什么，都只能听从。

《易》说：巽之上，不知怎么办，只能听从别人，这种情况千万不可丧失其立身之器，否则久凶。贞，久。

《象》说：巽在床下，上九不知怎么办。丧失其立身之器，正是凶的根源。

五八　兑

䷹ 兑，亨，利贞。

《彖》曰：兑，说也。刚中而柔外，说以利贞，是以顺乎天而应乎人。说以先民，民忘其劳；说以犯难，民忘其死。说之大，民劝矣哉！

《象》曰：丽泽，兑，君子以朋友讲习。

兑卦表示兑的行为。将内心的思想感情发泄、释放出来，叫兑。兑有许多形式，包括说话、笑、唱歌、跳舞、生气、怒吼、鼓掌、比划、喊叫等。兑正则利，不正不利。

《易》说：兑，亨通，利正。贞，正。

《彖》说：兑就是悦。刚在中而柔在外，悦以利贞，是以顺乎天而应乎人。悦以先民，民忘其劳；悦以犯难，民忘其死。由此可见悦之大，民劝啊！说读作悦。

《象》说：兑的行为像美丽的泽，君子效法之，以朋友相聚，讲习所学。

初九，和兑，吉。

《象》曰：和兑之吉，行未疑也。

初九表示兑之初始。兑有人回应附和。

《易》说：兑之初，兑引起别人回应附和，叫和兑，吉。

《象》说：和兑之吉，因为别人的回应附和使我对自己的行为十分确定，未有疑问。

九二，孚兑，吉，悔亡。

《象》曰：孚兑之吉，信志也。

九二表示兑的中期。兑使人相信。

《易》说：兑之中，兑使人相信，叫孚兑，吉，悔亡。孚，信。

《象》说：孚兑之吉，因为别人相信我的意志。

六三，来兑，凶。

《象》曰：来兑之凶，位不当也。

六三表示兑的终期。兑使人不快。

《易》说：兑之终，兑使别人不快，招来恶语，叫来兑，凶。

《象》说：来兑之凶，因为位不当。

九四，商兑，未宁介疾，有喜。

《象》曰：九四之喜，有庆也。

九四表示兑之下。兑不明显。

《易》说：兑之下，兑不明显，叫商兑，如大疾在身，未有安宁，有喜。介，大。

《象》说：九四之喜，意思是有庆。

九五，孚于剥，有厉。

《象》曰：孚于剥，位正当也。

九五表示兑之中。兑有序有度。

《易》说：兑之中，信于剥，兑有序有度，危险。厉，危险。

《象》说：兑有序有度，因为位正当。

上六，引兑。

《象》曰：上六引兑，未光也。

上六表示兑之上。在别人引导下兑。

《易》说：兑之上，在别人引导下兑，叫引兑。

《象》说：上六引兑，说明内心释放未光明。

五九 涣

䷺ 涣，亨，王假有庙，利涉大川，利贞。

《彖》曰：涣，亨，刚来而不穷，柔得位乎外而上同。王假有庙，王乃在中也。利涉大川，乘木有功也。

《象》曰：风行水上，涣，先王以享于帝立庙。

涣卦表示涣散的行为。脱离约束后的行为叫涣。涣是做自己的事而不影响别人，因而是做自己的事和别人接受的统一，分别由下卦坎和上卦巽表示。涣在本质上是做自己的事，在表面上是别人接受。不能做自己的事就没有涣。做自己的事而影响别人，涣道不成。涣的过程是一个做自己事的过程，涣的程度决定于别人接受的程度。涣散则自由。失去自由，很多事做不了，获得自由，很多事能做，所以涣亨通，利做大事，利正。

《易》说：涣散，亨通。王在工作之余至访宗庙。利做大事，利正。假读作徦，至。贞，正。

《彖》说：涣亨，因为刚来而不穷，柔得位乎外而崇尚相同。王至宗庙，王乃在中。利涉大川，乘木有功。

《象》说：涣的行为像风行水上，先王效法之，以祭祀于上帝，设立宗庙。享，祭祀。

初六，用拯马壮，吉。

《象》曰：初六之吉，顺也。

初六表示涣的初期。获得自由以后，先做紧急的事。

《易》说：涣之初，用此爻拯救马使其壮，吉。

《象》说：初六之吉，因为顺。

九二，涣奔其机，悔亡。

《象》曰：涣奔其机，得愿也。

九二表示涣的中期。紧急事情处理完毕以后，做想做而一直没能做的事。

《易》说：涣之中，奔其机，悔亡。

《象》说：涣奔其机，意思是得其所愿。

六三，涣其躬，无悔。

《象》曰：涣其躬，志在外也。

六三表示涣的终期。做完想做的事以后，人身才真正获得自由，此时可以考虑做外部的事了。

《易》说：涣之终，自由其身，无悔。

《象》说：涣其躬，意思是考虑做外部的事。

六四，涣其群，元吉，涣有丘，匪夷所思。

《象》曰：涣其群元吉，光大也。

六四表示涣之下。一群人获得自由，其效应匪夷所思。

《易》说：涣之下，一群人获得自由，元吉，将产生沙丘效应，匪夷所思。

《象》说：涣其群元吉，自由精神得到光大。

九五，涣汗其大号，涣王居无咎。

《象》曰：王居无咎，正位也。

九五表示涣之中。王位至高无上，无可制约，唯德可制约，王者有至德，以德自我制约，所以居之无咎。

《易》说：涣之中，王乃大号，普通人闻之出汗，其自由度大。王者以至德自制，居之无咎。

《象》说：王者居王位无咎，因为正位，是其人，在其位。

上九，涣其血，去，逖出，无咎。

《象》曰：涣其血，远害也。

上九表示涣之上。无制约的自由，必然影响别人，别人不接受而反击，至于流血。

《易》说：涣之上，自由导致流血，离去，远出，无咎。逖音惕，远。

《象》说：涣其血去逖出，意思是远害。

六〇 节

䷻ 节，亨，苦节不可贞。

《彖》曰：节亨，刚柔分而刚得中。苦节不可贞，其道穷也。说以行险，当位以节，中正以通。天地节而四时成。节以制度，不伤财，不害民。

《象》曰：泽上有水，节，君子以制数度、议德行。

节卦表示节制的行为。节是通过行险释放心里的信念信仰，因而是释放信念信仰和行险的统一，分别由下卦兑和上卦坎表示。节在本质上是信念信仰的释放，释放时内心感到喜悦，在表面上是行险。没有信念信仰就没有节，有信念信仰而不行险，节道不成。节的过程是一个信念信仰释放的过程，节的程度决定于行险的程度。

《易》说：节，亨通，苦节不可久。贞，久。

《彖》说：节亨，因为节的时候刚柔分明而刚得中。苦节不可贞，意味着节之道穷。悦以行险，当位以节，中正以通。天地因为节而四时成。节以制度，不伤财，不害民。说读作悦。

《象》说：节的行为像泽上有水，君子效法之，以制定制度，议定道德行为规范，节制大众言行。

初九，不出户庭，无咎。

《象》曰：不出户庭，知通塞也。

初九表示节的初期。节守严密。不出户庭就肯定不会出门庭。

《易》说：节之初，不出户庭，无咎。户庭，堂内为室，室东南启一户以出叫户，户外叫堂，堂下阶前庭直之路叫庭，其外阖双扉为门。

《象》说：出户庭通，不出塞，今不出户庭，是知通塞。

九二，不出门庭，凶。

《象》曰：不出门庭凶，失时极也。

九二表示节之中期。节守失严密。出了户庭，不出门庭是暂时的，最终会出门庭。

《易》说：节之中，出了户庭，不出门庭，凶。

《象》说：出户庭不出门庭，这是失时之极。节之要在时，不出户庭为时之极，出户庭为失时之极。得时之极而不出户庭，将始终不出户庭而无咎，失时之极而出了户庭，就意味着暂时不出门庭，最终将出门庭而凶。

六三，不节若，则嗟若，无咎。

《象》曰：不节之嗟，又谁咎也？

六三表示节的终期。失节。节而失守，与不节无异。

《易》说：节之终，失节如不节，有嗟叹，无咎。

《象》说：失节而至于嗟叹，又谁咎呢？

六四，安节，亨。

《象》曰：安节之亨，承上道也。

六四表示节之下。因为节而安。险难小，易于守节，所以安于所节。因能守节，所以亨通。

《易》说：节之下，安于所节，叫安节，亨通。

《象》说：安节之亨，因为顺承上道。

九五，甘节，吉，往有尚。

《象》曰：甘节之吉，居位中也。

九五表示节之中。因为节而甘。有坚定的信念信仰，险难再大也心甘情愿，这样做吉而且有人崇尚。

《易》说：节之中，甘于所节，叫甘节，吉，做得好有人崇尚。

《象》说：甘节之吉，因为位居中，适合其节。

上六，苦节，贞凶，悔亡。

《象》曰：苦节贞凶，其道穷也。

上六表示节之上。因为节而苦。信念信仰不坚定，险难稍大就会觉得苦，久而久之信念信仰将动摇，最终失节凶。失节后苦事将消失，因而悔亡。

《易》说：节之上，苦于所节，叫苦节，久凶，悔亡。贞，久。

《象》说：苦节久凶，节道之穷。

六一　中孚

䷼ 中孚，豚鱼吉，利涉大川，利贞。

《彖》曰：中孚，柔在内而刚得中，说而巽，孚乃化邦也。豚鱼吉，信及豚鱼也。利涉大川，乘木舟虚也；中孚以利贞，乃应乎天也。

《象》曰：泽上有风，中孚，君子以议狱缓死。

中孚卦表示信的行为。信不可极，以中为善，故卦名中孚。相信一个人，见到他的人或者听见他的声音内心就会感到喜悦，并且听从于他，因而，中孚是内心喜悦和听从于人的统一，分别由下卦兑和上卦巽表示。中孚在本质上是内心喜悦，在表面上是听从于人。见到他的人或听见他的声音不感到喜悦，就不可能相信他，也就没有中孚。内心感到喜悦而不听从于他，中孚之道不成。中孚的过程是一个内心喜悦的过程，中孚的程度决定于听从于人的程度。

《易》说：信及豚和鱼，吉，利做大事，利正。孚，信。豚音臀，小豕。

《彖》说：中孚，柔在内而刚得中，悦而巽，信乃化邦。豚鱼吉，意思是信及豚鱼。利涉大川，意思是乘木舟虚。中孚以利贞，乃应乎天。说读作悦。

《象》说：中孚的行为像泽上有风，君子效法之，以相信罪犯申诉，重新审议狱案，缓期执行死刑。

初九，虞吉，有它不燕。

《象》曰：初九虞吉，志未变也。

初九表示中孚的初期。信专一。

《易》说：中孚之初，相信某物，专一如虞，吉，有其它类似的物出现，其信动摇，心里不安。虞，泽鸟，仓黑色，常在泽中，见人则鸣唤不去，有似主守，故名虞。燕，安。

《象》说：初九虞吉，意思是志专一未变。

九二，鸣鹤在阴，其子和之；我有好爵，吾与尔靡之。

《象》曰：其子和之，中心愿也。

九二表示中孚的中期。信出自内心。

《易》说：中孚之中，相信某人，他说话，我附和，我有好东西，愿意与他分享，好比鹤鸣于阴暗处，其子闻而和之，我有好爵，我愿意与你分享之。爵音觉，饮酒器皿。靡音迷，分。

《象》说：鹤鸣子和，意思是心中愿意。中心，心中。

六三，得敌，或鼓或罢，或泣或歌。

《象》曰：或鼓或罢，位不当也。

六三表示中孚的终期。信动摇。

《易》说：中孚之终，本来相信此物，现在出现彼物，彼此情况相当，信此还是信彼，结果要么是鼓要么是罢，要么是泣要么是歌。

《象》说：不知信此还是信彼，因为位不当，没法判断彼此真假。

六四，月几望，马匹亡，无咎。

《象》曰：马匹亡，绝类上也。

六四表示中孚之下。信不深。

《易》说：中孚之下，差不多就要信了，忽然觉得其不可信，其信犹如马匹般急驰而去，消失得无影无踪，无咎。

《象》说：其信如马匹消失，意思是绝不信，此为上。可信可不信，不信为上，信为下。

九五，有孚挛如，无咎。

《象》曰：有孚挛如，位正当也。

九五表示中孚之中。深信。

《易》说：中孚之中，有信如系，无咎。挛音峦，系。

《象》说：有信如系，因为位正当，能够确信其真。

上九，翰音登于天，贞凶。

《象》曰：翰音登于天，何可长也？

上九表示中孚之上。极信。

《易》说：中孚之上，信到极点如公鸡晨鸣，直到有一天被主人宰杀用于祭天，公鸡只能到天上去鸣叫了，久凶。公鸡知旦，为信物，鸡鸣膈膈膊膊，必振其羽，而后出声，故叫翰音，古用以祭天，故叫登于天。贞，久。

《象》说：公鸡鸣叫的声音登于天，极信何可长久？

六二　小过

䷽ 小过，亨，利贞，可小事，不可大事，飞鸟遗之音，不宜上，宜下，大吉。

《彖》曰：小过，小者过而亨也。过以利贞，与时行也。柔得中，是以小事吉也。刚失位而不中，是以不可大事也。有飞鸟之象焉。飞鸟遗之音，不宜上，宜下，大吉，上逆而下顺也。

《象》曰：山上有雷，小过，君子以行过乎恭，丧过乎哀，用过乎俭。

小过卦表示小者过的行为。在小事上，以小者自居，将别人和大自然视为大者，采取过乎常的行动，这样的行为叫小过。小过包括对人恭敬、省吃、俭用、节约资源、爱护动植物、保护生态环境等。小过是停止对别人和大自然放肆，而采取过乎常的行动，因而是停止放肆和采取行动的统一，分别由下卦艮和上卦震表示。小过在本质上是停止放肆，在表面上是采取行动。不停止放肆就没有小过。停止放肆而不采取行动，小过之道不成。小过的过程是一个停止放肆的过程，小过的程度决定于停止放肆的程度和所采取行动的大小。采取行动费力，像鸟向上飞，不采取行动省力，像鸟向下飞，所以小过有飞鸟之象。

《易》说：小过，亨通，利正，可小事不可大事，有飞鸟之象，飞鸟已过，遗音犹在，鸟飞不宜上宜下，大吉。

《彖》说：小过亨，意思是小者过而后亨，不过不亨。过以利贞，与时偕行。小者过而柔得中，是以小事吉。刚失位而不中，是以不可大事。小过有飞鸟之象。飞鸟已过，遗音犹在，不宜上，宜下，大吉，这是因为往上飞逆往下飞顺。

《象》说：小过的行为像山上有雷，君子效法之，以行过乎恭，丧过乎哀，用过乎俭。

初六，飞鸟以凶。

《象》曰：飞鸟以凶，不可如何也。

初六表示小过的初期。停止放肆很彻底，达到的小过程度远远高于别人，像众人在地上，自己为一只鸟在天上飞一样。

《易》说：小过之初，其程度像飞鸟一样，凶。

《象》说：飞鸟以致于凶，这样做是不可以的。

六二，过其祖，遇其妣，不及其君，遇其臣，无咎。
《象》曰：不及其君，臣不可过也。

六二表示小过的中期。停止放肆比较彻底，达到的小过程度比上不足，比下有余。

《易》说：小过之中，其程度超过其祖，而与其母相当，不及其君，而与其臣相当，无咎。祖，父之父为祖。妣，母。

《象》说：不及其君，因为臣不可超过其君。

九三，弗过，防之，从或戕之，凶。
《象》曰：从或戕之，凶如何也。

九三表示小过的终期。停止放肆不彻底，达到的小过程度落后于别人。

《易》说：小过之终，其程度不超过别人，此时一定要谨防之，不要放纵自己，否则可能遭遇戕害，凶。从读作纵。戕音枪，杀害。

《象》说：放纵或遭戕害，这样做凶。

九四，无咎，弗过，遇之。往厉，必戒，勿用。永贞。
《象》曰：弗过遇之，位不当也；往厉必戒，终不可长也。

九四表示小过之下。采取行动小，达到的小过程度比较落后，但不是最落后。

《易》说：小过之下，其程度比较落后，无咎，不超过别人，而总有人与自己相当，这样下去危险，必戒，勿用此爻，要永远坚持。贞，固。

《象》说：不超过别人，而总有人与自己相当，因为位不当。这样下去危险，必戒，因为终不可长久。

六五，密云不雨，自我西郊。公弋，取彼在穴。

《象》曰：密云不雨，已上也。

六五表示小过之中。采取行动大，达到的小过程度比较领先。

《易》说：小过之中，其程度比较领先，像密云自西郊飘来，涵畜水汽，并不下雨，而那些落后的人却像低飞的鸟被公弋，取之在穴。公，诸侯的尊称。弋音夷，用带丝绳的箭来射。

《象》说：密云不雨，其行为已经在上。

上六，弗遇，过之，飞鸟离之，凶，是谓灾眚。

《象》曰：弗遇过之，已亢也。

上六表示小过之上。采取的行动极大，达到的小过程度远远高于别人。

《易》说：小过之上，其程度极高，超过所有人，而没有一人与自己相当，像飞鸟离群，独自飞到极高，凶，这叫灾眚。眚，目生翳。

《象》说：没有一人与自己相当，超过所有人，其行为已经亢极。

六三　既济

䷾ 既济，亨小，利贞，初吉终乱。

《象》曰：既济，亨，小者亨也。利贞，刚柔正而位当也。初吉，柔得中也；终止则乱，其道穷也。

《象》曰：水在火上，既济，君子以思患而豫防之。

既济卦表示济曾经济过的险的行为。险难曾经济过，便有了经验，再济的时候就知道怎样预防可能出现的灾难，故卦名既济。既济是用经验行险，因而是运用经验和行险的统一，分别由下卦离和上卦坎表示。既济在本质上是运用经验，在表面上是行险。没有经验就没有既济。有经验而没有行险，既济之道不成。既济的过程是一个运用经验的过程，既济的程度决定于行险的程度。

《易》说：济曾经济过的险，当此险小时亨通，利正，初吉终乱。

《象》说：既济亨，是指险之小者亨。利贞，因为济险者刚柔皆正而且位当。初吉，因为柔得中。终止则乱，意味着既济之道穷。

《象》说：既济的行为像火在水上，君子效法之，以思患而预防之。豫，今预字。

初九，曳其轮，濡其尾，无咎。

《象》曰：曳其轮，义无咎也。

初九表示既济的初期。济险有经验，控制进度避免灾祸。

《易》说：既济之初，这个险曾经济过，再济的时候控制进度如驾车曳其轮，即使济险失败如小狐过河濡其尾，也无咎。曳音页，拉。濡音儒，沾湿。

《象》说：曳其轮，其义无咎。

六二，妇丧其茀，勿逐，七日得。

《象》曰：七日得，以中道也。

六二表示既济的中期。济险有经验，远离风险避免灾祸。此过程可能出现损失，然而过不了几天就可以弥补回来。

《易》说：既济之中，这个险曾经济过，妇女知道其中的风险，因而丢失了茀也不去寻找，结果七日之后失而復得。茀，车蔽，古代妇女用于乘车时隐蔽其身。

《象》说：七日失而复得，因为用中道。

九三，高宗伐鬼方，三年克之。小人勿用。

《象》曰：三年克之，惫也。

九三表示既济的终期。济险有经验，采取主动消除灾祸。

《易》说：既济之终，这个险曾经济过，高宗知道鬼方将侵略中国，因而在其行动之前，主动进攻鬼方，三年克之。小人勿用此爻。高宗，殷帝武丁。鬼方，汉时称匈奴。

《象》说：三年克之，意味着疲惫。

六四，繻有衣袽，终日戒。

《象》曰：终日戒，有所疑也。

六四表示既济之下。利用经验预防灾祸。

《易》说：既济之下，乘舟渡河，提前预备烂衣旧絮，以防船漏，终日警戒。繻读作濡。袽音如，烂衣服旧棉絮。戒，警戒。

《象》说：终日警戒，因为经验使其有所疑。

九五，东邻杀牛，不如西邻之禴祭，实受其福。

《象》曰：东邻杀牛，不如西邻之时也；实受其福，吉大来也。

九五表示既济之中。利用经验祭神祈福。

《易》说：既济之中，东边邻国杀牛郊天，仪式盛大，不如西边邻国之禴祭，日子准时，实受其福。

《象》说：东邻杀牛之盛，不如西邻禴祭之时。实受其福，意思是吉大来。

上六，濡其首，厉。

《象》曰：濡其首厉，何可久也？

上六表示既济之上。经验至上会带来危险。

《易》说：既济之上，靠经验济险，结果事情不仅没有做成，反而使自己差一点遭受灾祸，就像小狐过河濡其首，危险。厉，危险。

《象》说：濡其首厉，经验至上何可长久？

六四 未济

䷿ 未济，亨。小狐汔济，濡其尾，无攸利。

《彖》曰：未济亨，柔得中也。小狐汔济，未出中也。濡其尾无攸利，不续终也。虽不当位，刚柔应也。

《象》曰：火在水上，未济，君子以慎辨物居方。

未济卦表示济未曾济过的险的行为。济未曾济过的险，就取得了济这个险的经验。未济是行险取得经验，因而是行险和取得经验的统一，分别由下卦坎和上卦离表示。未济在本质上是行险，在表面上是取得经验。不济从未济过的险，就不可能有行这样险的经验，也就没有未济。济从未济过的险而失败，也不会取得行这样险的经验，未济之道不成。未济的过程是一个行险的过程，未济的程度决定于所得经验的大小。

《易》说：济未曾济过的险，成功则亨通，失败则如小狐差不多过河濡其尾，无攸利。汔音汽，庶几、差不多。濡音儒，沾湿。

《彖》说：未济亨通，这是因为济险者性柔而得中。小狐汔济，意思是小狐未出险之中。濡其尾无攸利，意思是不继续济险到终点。未济虽然不当位，但是刚柔相应。

《象》说：未济的行为像火在水上，君子效法之，以谨慎辨明周围事物，选择居住的地方。

初六，濡其尾，吝。

《象》曰：濡其尾，亦不知极也。

初六表示未济的初期。济自己未曾济过的险，没有获得成功。

《易》说：未济之初，小狐过河濡其尾，吝。

《象》说：小狐过河濡其尾，也不知极：此河非小狐能过。

九二，曳其轮，贞吉。

《象》曰：九二贞吉，中以行正也。

九二表示未济的中期。济自己未曾济过的险，获得成功。

《易》说：未济之中，驾车曳其轮减慢速度，正吉。曳音页，拉。

《象》说：九二正吉，因为中以行为端正。

六三，未济，征凶。利涉大川。

《象》曰：未济征凶，位不当也。

六三表示未济的终期。济从未有人济过的险。

《易》说：未济之终，济从未有人济过的险，前进道路上充满凶险。利做大事。

《象》说：济从未有人济过的险，只能在摸索中前进，这叫位不当。

九四，贞吉，悔亡。震用伐鬼方三年，有赏于大国。

《象》曰：贞吉悔亡，志行也。

九四表示未济之下。济自己未曾济过的险。

《易》说：未济之下，济自己未曾济过的险，正吉，悔亡。高宗用此爻伐鬼方三年，有赏于大国。震，帝，指殷帝高宗；帝出乎震。鬼方，汉时称匈奴。大国，夏。

《象》说：正吉悔亡，无灾无祸之志行。

六五，贞吉，无悔。君子之光，有孚，吉。

《象》曰：君子之光，其晖吉也。

六五表示未济之中。济从未有人济过的险成功。

《易》说：未济之中，济从未有人济过的险，正吉，无悔。济险成功，君子光辉闪耀，有信于人民，吉。

《象》说：君子之光辉，照耀人民吉。晖音辉，光。

上九，有孚于饮酒，无咎，濡其首，有孚失是。

《象》曰：饮酒濡首，亦不知节也。

上九表示未济之上。济从未有人济过的险失败。

《易》说：未济之上，自信能济险成功，期盼饮酒庆贺，无咎。济险最终失败，如小狐过河濡其首，其信失是。

《象》说：自信于饮庆功酒，结果濡其首，也不知节。

第三章 系辞上

天尊地卑，乾坤定矣。卑高以陈，贵贱位矣。动静有常，刚柔断矣。方以类聚，物以群分，吉凶生矣。在天成象，在地成形，变化见矣。是故刚柔相摩，八卦相荡。鼓之以雷霆，润之以风雨。日月运行，一寒一暑。乾道成男，坤道成女。乾知大始，坤作成物。乾以易知，坤以简能。易则易知，简则易从。易知则有亲，易从则有功。有亲则可久，有功则可大。可久则贤人之德，可大则贤人之业。易简而天下之理得矣。天下之理得，而成位乎其中矣。

八卦乾坤震艮离坎兑巽代表八个本性，是宇宙的普遍存在。其中，乾坤是最重要的。乾产生天，坤产生地。天在上为尊，地在下为卑，这是宇宙的乾坤本性所决定的。人禀赋宇宙乾坤震艮离坎兑巽八个本性，其中乾坤两个本性也是最重要的。乾使人刚健，坤使人顺从。因而乾性强的人地位高，而坤性强的人地位卑。地位高的人贵，地位低的人贱，这是人的乾坤本性所决定的。

刚表示使用力量，柔表示不使用力量。使用力量的人动，不使用力量的人静。一个人是动还是静，就看他是刚还是柔。

力量具有方向之别、大小之别。有的人朝这个方向，有的人朝那个方向；有的人力量大，有的人力量小。不同方向、不同大小的力量相互较量，于是，吉凶产生了。

人是这样，万物也是这样。日月星辰力量方向大小各不相同，造成它们的运动不断变化，于是在天上形成不同的象状。山川动植力量方向大小各不相同，造成它们的运动不断变化，于是在地上形成不同的形状。

由此可见，刚柔不仅是存在的，而且是相互作用的。同理，八卦乾坤震艮离坎兑巽也是存在的，而且它们之间同样存在相互作用。这样的相互作用，比起刚柔之间的相互作用来，要复杂得多，其所产生的效应，比起刚柔相互作用所产生的效应来，要精彩得多。常见的雷霆、风雨、日月运行，一寒一暑等现象，都是八卦及其相互作用的结果。

重要的是，八卦表示的本性并不是僵死的。相反，它们是活动的，每个本性自身会产生出变化来。有趣的是，其变化的过程和状态虽然难以述说，但是其路径却是不变的。这样的路径称为“道”。例如，乾的活动产生出男，正如其产生出天；坤的活动产生出女，正如其产生出地。

八卦所表示的本性不仅存在于宇宙，而且存在于自然万物，包括动物和人类。它们存在于我们自身，而我们却不容易认识到它们。一般来说，我们只有通过它们所产生的效应来认识其存在。

我们知道，凡事都有一个开始。没有开始，就没有一切事情。所以开始是伟大的。我们能够做这样那样的事情，是因为我们首先具有开始做事的能力，而这个能力正是乾带给我们的。开始做任何一件事情，不仅要使用力量，而且要不停息地使用力量。使用力量不停息叫做“健”，健就是乾。因此，当我们开始做任何事情的时候，我们就知道了：这是乾在我们身上起作用。

开始做事，不等于事情能够做成。能够把事情做成的能力，是坤带给我们的。把任何一件事情做成，离不开一定的主观条件和客观条件。主观条件是在态度上支持，客观条件是在物质上符合将事情做成。在态度上支持，并且付诸行动寻求满足将事情做成的客观条件，可以用一个字来概括，那就是“顺”，用两个字来概括，那就是“顺从”。顺或者顺从就是坤。因此，当我们支持任何一件事使其做成的时候，我们就知道了：这是坤在我们身上起作用。

做任何事情，在思想上都不能将它看得很困难，因为看得困难可能使前进的步伐停止下来，从而不能开始。相反，我们需要把它看得容易。因此，乾和看得容易是联系在一起的。当我们开始做任何事情的时候，乾就在我们身上起作用，这句话可以说成：当我们把做任何事情都看得容易的时候，乾就在我们身上起作用。

同理，要做成任何事情，我们都不能将其看得复杂了。事实上，顺从于任何一件事情本身并不复杂，我们并不使用力量，要做的不过是需要什么条件就提供什么条件而已，就这么简单。因此，当我们做成任何事情的时候，坤就在我们身上起作用，这句话可以说成：当我们把做任何事情都看得简单的时候，坤就在我们身上起作用。

这不仅仅是说法改变而已，而实际上是认识的提升。这个认识提升不仅使我们能够轻松地认知乾坤什么时候起作用，而且使我们能够在需要的时候轻松地运用乾坤。当我们要开始做事的时候，我们把做事看得容易，心里的这个看法自然会使我们刚健，从而开始这件事情。当我们要做成一件事情的时候，我们把做事看得简单，心里的这个看法自然会使我们顺从，从而做成这件事情。这都是因为我们每个人都具有乾坤本性。

事情有还是没有，是截然不同的。因此，如果我们起始做一件事情，就有人与我们亲近；如果我们做成一件事情，这就有了功劳。有人亲近则可长久，有功劳则可广大。可久是贤人的品德，可大是贤人的事业。如此说来，掌握了乾为容易和坤为简单的道理，就可以掌握剩余六卦震艮离坎兑巽的道理，天下之理由此都可以得到。天下之理得到，就可以在现实生活中成就自己的人生地位。

圣人设卦观象，系辞焉而明吉凶。刚柔相推而生变化。是故，吉凶者，失得之象也；悔吝者，忧虞之象也。变化者，进退之象也；刚柔者，昼夜之象也。六爻之动，三极之道也。是故君子所居而安者，《易》之序也；所乐而玩者，爻之辞也。是故君子居则观其象而玩其辞，动则观其变而玩其占，是以自天佑之，吉无不利。

圣人在八卦的基础上，进一步构造得出卦。八卦是人的本性的抽象，而卦则是人的基本行为的抽象。卦和八卦的联系，反映的正是人的行为由其本性决定的实质。

行为都是有后果的，例如吉凶，这是确定无疑的；对后果的断定叫占。圣人将后果的断定及其产生的原因用文字表达出来，让天下人明白，这些文字叫辞。在《易》中，每个卦的后面都跟有一句辞，就像系在卦上一样，这些辞叫卦辞，又叫彖辞。卦辞后面接着有六句辞，分别对应于六爻，就像系在卦辞上一样，这些辞叫爻辞。

因为人的行为决定于本性，而本性决定于刚柔，所以刚柔的相互作用将造成行为的变化。行为的变化虽然复杂，但最终都会反映到后果上。对后果作出占是《易》的一大特点。后果的占吉，意味着行为有所得；后果的占凶，意味着行为有所失；后果的占悔吝，意味着行为有所忧虑。行为的变化，指的是进退，而刚柔恰如昼夜。

一卦有六爻，可以看作由两个八卦构成，每个八卦三爻。处于下面的八卦表示基本行为随时间的变化，从下到上，第一爻叫初爻，表示基本行为的初期，第二爻表示基本行为的中期，第三爻表示基本行为的终期。处于上面的八卦表示基本行为随空间（程度）的变化，第四爻表示基本行为的最低程度，第五爻表示基本行为的中间程度，第六爻叫上爻，表示基本行为的最高程度。《易》在时间上取了初期、中期、终期三极，在程度上取了最低程度、中间程度、最高程度三极。三极之道，不多不少，足以描述一个基本行为的时间变化和空间变化。

卦、卦辞、爻辞构成了《易》的全部内容，这些内容实际上给出了人的基本行为规律。人类有哪些基本行为？这些基本行为将随时间随程度怎样变化？这些变化有什么后果？产生这些后果的原因是什么？对这些问题，《易》都一一给出了答案。正因为如此，《易》一问世，就广受君子欢迎。卦的顺序是君子乐而安的，卦辞爻辞是君子乐于玩的。《易》是行为指南，君子居则观其象而玩其辞，动则观其变而玩其占，始终用《易》揭示的行为规律指导自己行为，是以自天佑之，吉无不利。

彖者，言乎象者也；爻者，言乎变者也。吉凶者，言乎其失得也；悔吝者，言乎其小疵也；无咎者，善补过也。是故列贵贱者存乎位，齐小大者存乎卦。辩吉凶者存乎辞；忧悔吝者存乎介；震无咎者存乎悔。是故卦有小大，辞有险易。辞也者，各指其所之。《易》与天地准，故能弥纶天地之道。仰以观于天文，俯以察于地理，是故知幽明之故。原始反终，故知死生之说。

《易》有卦、卦辞、爻辞。卦是一个符号，它象征某个基本行为。跟在它后面的是一句话，叫卦辞，又叫彖辞，表述卦所象征基本行为的总体断语。跟在卦辞后的是六句话，叫爻辞，表述基本行为处于六个不同变化阶段的断语。

十分重要的是，卦辞和爻辞中包含有对基本行为后果的判断，这样的判断叫占，对于指导人们行为极为有用。占为吉凶，意味着行为有得失；占为悔吝，意味着行为有小疵；占为无咎，意味着行为的主体善于补过。不同的卦、爻，其占不同。有的吉，有的凶，有的悔吝，有的无咎。人类趋吉避凶，这就形成贵贱不等的位和大小不同的卦。

如果一个爻的占为吉，大家都乐于处于相应的阶段。反之，如果一个爻的占为凶，大家都避免处于相应的阶段。这样一来，虽然一卦有六爻，但是处于不同的爻，其贵贱是不同的，处于吉爻的人，其地位尊贵，处于凶爻的人，其地位低贱。

同样道理，如果一个卦的占吉，大家都乐于做相应的行为。反之，如果一个卦的占凶，大家都避免做相应的行为。这样一来，虽然《易》有六十四卦，但是它们可以视为大小不同。处于吉卦的人多，这样的卦叫做大卦；处于凶卦的人少，这样的卦叫做小卦。

因此，当我们看到卦辞爻辞出现吉凶字样时，都会不假思索，毫不犹豫地采取行动。然而，当我们看到卦辞爻辞出现悔吝字样时，就会忧虑，这时我们应当仔细辨别产生悔吝的原因，在悔吝尚未最后形成之前采取行动，从而避免悔吝真正发生。特别是，当看到卦辞爻辞出现悔字时，我们的心里应该感到震动，采取补过的行动尤其要及时有力，做得好可以无咎。

由此可见，《易》中的卦，各有大小，而其辞，则各有险易。大卦辞易，小卦辞险。

《易》与天地准。虽然《易》的对象是人，但是它不仅适用于人，而且适用于天、地以及天地之间的一切事物；《易》所叙述的道，揭示的不仅是人行为的变化规律，而且是天、地以及天地之间一切事物的运动变化规律。这是因为乾坤震艮离坎兑巽是人和天、地以及天地之间一切事物的普遍本性。当乾卦应用于人时，它是人的刚健之道；当乾卦应用于天时，它是天之道。当坤卦应用于人时，它是人的顺从之道；当它应用于地时，它是地之道。《易》有六十四卦，就是六十四道。这些道，既是人之道，也是天之道、地之道、万物之道。

读《易》，我们可以知道为什么有的事物光明，而有的事物黑暗，知道光明与黑暗之故并不容易，这得之于圣人著《易》时仰以观于天文，俯以察于地理。

读《易》，我们可以将事物的变化向前推，推到这个变化的开始，甚至一直推到事物的出生；也可以向后推，推到这个变化的结束，甚至一直推到事物的死亡。由此我们可以知道事物是怎样出生的，又是怎样死亡的。

精气为物，游魂为变，是故知鬼神之情状。与天地相似，故不违。知周乎万物而道济天下，故不过。旁行而不流，乐天知命，故不忧。安土敦乎仁，故能爱。范围天地之化而不过，曲成万物而不遗，通乎昼夜之道而知，故神无方而《易》无体。一阴一阳之谓道。继之者善也，成之者性也。仁者见之谓之仁，知者见之谓之知，百姓日用而不知，故君子之道鲜矣。

事物从出生到死亡，中间将经历很多变化。这些变化是事物内在刚柔相互作用所产生的。刚柔的相互作用看不见，摸不着，不可预测，其大小决定于其所包含力量的大小，因而是十分神奇微妙的。为了简便起见，我们将这种神奇微妙不可预测的刚柔相互作用等价地说成神或鬼神。

读《易》，我们可以知道鬼神的情状，它是如何将事物从出生推进到死亡的？期间又如何经历各种变化？

读《易》，我们可以自觉掌握运用人之道，就像天不违背天之道、地不违背地之道一样，不违背人之道。

读《易》，我们的智慧将周乎万物，而用人之道、天之道、地之道、万物之道济天下，不错过这一生。

读《易》，当行走在各种激流险滩的旁边时，我们不会跌落卷入。我们会乐于生活于这个时代、这个国家、这片土地，周边有这样的环境，周围有这样的人们，自己有这样的身体。在这样的情况下，我们会知道自己的使命，并且努力去完成，因而不忧虑。我们会安于滋养的土地，保持仁心不改变，因而能博爱天下。

《易》之道，适用的范围为天地万物的一切变化，一点也没有多余的。《易》之对象，适用的范围为天地万物，一点也没有遗漏的。《易》通乎刚柔变化之道而充满智慧。一切事物的变化，神秘莫测，没有确定方向；《易》的适用范围，广大无限，没有确定形体。

六十四卦表示六十四个基本行为，同时也表示六十四道。每一卦由六爻构成，而爻或为刚，或为柔。刚只有一个，能够产生阳；柔也只有一个，能够产生阴。因而我们可以说，卦是一刚一柔构成的。与此相应，我们也可以说，道是一阴一阳构成的。

八卦表示宇宙万物普遍存在的本性。每一卦由两个八卦构成，表明每一基本行为由两个本性决定，同时也表明每一个道产生于两个本性。道通向善，道是本性形成的。

读《易》可以明道。读者如果为仁者，见了道就会说道仁；读者如果为智者，见了道就会说道智。道决定了人类一切行为，因而百姓日用而不知，而君子想要主动把道运用于指导自己的行为，却不是一件容易的事。

显诸仁，藏诸用，鼓万物而不与圣人同忧，盛德大业至矣哉！富有之谓大业，日新之谓盛德。生生之谓易，成象之谓乾，效法之谓坤。极数知来之谓占，通变之谓事，阴阳不测之谓神。夫《易》，广矣，大矣。以言乎远，则不御；以言乎迩，则静而正，以言乎天地之间，则备矣。夫乾，其静也专，其动也直，是以大生焉。夫坤，其静也翕，其动也辟，是以广生焉。广大配天地，变通配四时，阴阳之义配日月，易简之善配至德。子曰：《易》其至矣夫！夫《易》，圣人所以崇德广业也。知崇礼卑，崇效天，卑法地。天地设位，而《易》行乎其中矣。成性存存，道义之门。

道在表面上显示出仁，而在体内则隐藏了无尽的用途。道存在于万物，决定了万物的产生、变化和消亡，却没有圣人的忧虑，真可谓最伟大的盛德大业。什么叫盛德大业？宇宙中一切事物都是它产生的，它是最富有的，这叫大业。任何事物的一切变化都是它造成的，每天都有新变化，这叫盛德。

道不断产生事物，不断产生变化，最体现易的精神。道产生天，日月星辰运行其中，形成各种象，这就是乾道。道产生地，山川动植、百谷草木生长其中，效法天上的形象，这就是坤道。读《易》明道，可以预测未来，这叫占；可以遇事通变，这叫事；可以神秘莫测，这叫神。

《易》多么广啊！多么大啊！当它用以遥远事物时，无论这事物多么遥远；当它用以近的事物时，这事物可以近在眼前；当它用以天地之间时，天地之间一切事物都包含在内。

乾在静的时候专一，在动的时候正直，是以能够大生。坤在静的时候翕敛，在动的时候辟开，是以能够广生。

人之广大就像天地一样，人之变通就像四时一样，阴阳之义正如日月，易简之善乃人之至德。

孔子说：《易》真是至极呀！圣人用《易》进德修业。学习《易》可以提高智慧，这样做能够进德。遵循《易》可以兼济万物，这样做能够修业。知道为知，循道为礼。知崇高，礼卑下。崇高效法天，卑下效法地。既知道，又循道，二者确立以后，《易》就能充分发挥作用，大行其道了。运用《易》之道义的关键在于，一定要保持本性不失。

圣人有以见天下之赜，而拟诸其形容，象其物宜，是故谓之象。圣人有以见天下之动，而观其会通，以行其典礼，系辞焉以断其吉凶，是故谓之爻。言天下之至赜而不可恶也，言天下之至动而不可乱也。拟之而后言，议之而后动，拟议以成其变化。

“鸣鹤在阴，其子和之，我有好爵，吾与尔靡之。”子曰：君子居其室，出其言善，则千里之外应之，况其迩者乎？居其室，出其言不善，则千里之外违之，况其迩者乎？言出乎身，加乎民；行发乎迩，见乎远。言行，君子之枢机。枢机之发，荣辱之主也。言行，君子之所以动天地也，可不慎乎？

“同人，先号咷而后笑。”子曰：君子之道，或出或处，或默或语。二人同心，其利断金。同心之言，其臭如兰。

“初六，藉用白茅，无咎。”子曰：苟错诸地而可矣。藉之用茅，何咎之有？慎之至也！夫茅之为物，薄而用可重也。慎斯术也，以往，其无所失矣。

“劳谦，君子有终，吉。”子曰：劳而不伐，有功而不德，厚之至也，语以其功下人者也。德言盛，礼言恭。谦也者，致恭以存其位者也。

“亢龙有悔。”子曰：贵而无位，高而无民，贤人在下位而无辅，是以动而有悔也。

“不出户庭，无咎。”子曰：乱之所生也，则言语以为阶。君不密则失臣，臣不密则失身，几事不密则害成，是以君子慎密而不出也。

子曰：作《易》者，其知盗乎？《易》曰：“负且乘，致寇至。”负也者，小人之事也；乘也者，君子之器也。小人而乘君子之器，盗思夺之矣。上慢下暴，盗思伐之矣。慢藏诲盗，冶容诲淫。《易》曰：“负且乘，致寇至。”盗之招也。

圣人有以见天下行为之深奥，模拟其形容，使其像某个适宜的物体，这样的图象叫卦。圣人有以见天下行为之动，观察其会通，在一些关键时间空间节点上系辞，以判断其吉凶，这些节点叫爻。有了卦和爻，连天下最深奥的行为也不觉得可恶，天下最剧烈的行为变动也不觉得杂乱。有了卦和爻，行为的变化便可以进行描述议论了。

中孚卦表示信的行为，九二爻表示中孚之中期，义为信出自内心，其辞说：“鸣鹤在阴，其子和之，我有好爵，吾与尔靡之。”这话的意思为：相信某人，他说话，我附和，我有好东西，愿意与他分享，好比鹤鸣于阴暗处，其子闻而和之，我有好爵，我愿意与你分享之。孔子对此评论说：君子居其室，出其言善，则千里之外的人们出自内心相信他，从而响应他说的话，何况其近的人呢？居其室，出其言不善，则千里之外的人们打心底里不相信他，从而违背他说的话，何况其近的人呢？言出于自身，施加于他人；行发生于近，作用于远。言行是君子之枢机。枢机之发，乃荣辱之主。言行，君子之所以动天地，难道可以不谨慎吗？

同人卦表示使别人同意自己的行为，九五爻表示同人之中，义为使别人同意了自己，其辞说："同人，先号咷而后笑。"这话的意思为：使别人同意了自己，先号咷，别人同意而后笑。孔子对此评论说：君子之道，或出或处，或默或语。二人同心，其利断金。同心之言，其臭如兰。

大过卦表示大者过的行为，初六爻表示大过之初始，义为谨慎行事，其辞说："初六，藉用白茅，无咎。"孔子对此评论说：假设直接放置地上，其实也没有什么不可以，而用茅衬垫在下面，何咎之有？真是慎之至呢！茅之为物，薄而可以重叠。慎这个术，用之以往，其无所失呢。

谦卦表示谦虚、谦让的行为，九三爻表示谦的终期，义为：有功而不居功，非君子不能，其辞说："劳谦，君子有终，吉。"这话的意思是：有功劳而不居，叫劳谦，只有君子能够做到，做到有善终，吉。孔子对此评论说：劳而不伐，有功而不德，真是厚之至啊！这话是说以其功下于人者。德讲究盛，礼讲究恭。谦是什么呢？就是致人以恭，从而保存自己地位。

乾卦表示刚健的行为，上九爻表示乾之上，义为刚健盈满，其辞说："亢龙有悔。"意思是：亢奋的龙有悔。孔子对此说道：贵而无位，高而无民，贤人在下位而无辅，是以动而有悔。

孔子说：《易》的作者，应该知盗吧？《易》解卦六三爻辞说：

“负且乘，致寇至。”背负重物，那是小人干的事；乘马，那是君子的器物。小人而乘君子之器，盗必定想夺之。对地位在上的人怠慢，对地位在下的人粗暴，盗必定想伐之。缓慢藏宝诲盗，整冶容颜诲淫。《易》说：“负且乘，致寇至。”意思是招致盗贼。

大衍之数五十，其用四十有九。分而为二以象两，挂一以象三，揲之以四，以象四时。归奇于扐，以象闰。五岁再闰，故再扐而后挂。天数五，地数五，五位相得而各有合。天数二十有五，地数三十。凡天地之数，五十有五。此所以成变化而行鬼神也。乾之策，二百一十有六，坤之策，百四十有四，凡三百有六十，当期之日。二篇之策，万有一千五百二十，当万物之数也。是故四营而成《易》，十有八变而成卦，八卦而小成。引而伸之，触类而长之，天下之能事毕矣。显道神德行，是故可与酬酢，可与佑神矣。

占筮之仪式，蓍五十茎，称五十策。一策不用，分四十九策为二，以象征两仪。挂一以象征三极。揲之以四，以象征四时。归奇于扐，以象征闰年。五岁再闰，故再扐而后挂。天数五：一、三、五、七、九。地数五：二、四、六、八、十。一九相得，三七相得，五五相得，二八相得，四六相得，皆合为十。天数之和二十五，地数之和三十，凡天地之数，总和为五十五。数可用于量化，量是事物变化的决定性因素。乾卦六爻皆刚，刚也叫阳，太阳三十六策，以此计算乾之策为二百一十六。坤卦六爻皆柔，柔也叫阴，太阴二十四策，以此计算坤之策为一百四十四。乾坤之策共计三百六十，与一年的日数相当。《易》上经下经两篇，六十四卦，三百八十四爻。阳爻一百九十二，每爻三十六策，计六千九百一十二策；阴爻一百九十二，每爻二十四策，计四千六百零八策。阳爻阴爻合计一万一千五百二十策，相当于万物之数。是故四营而成《易》，十八变而成卦，八卦而小成，引而伸之，最终可成六十四卦。卦表示基本行为。一卦代表一类行为，六十四卦涵盖天下所有行为。因而，要能酬酢应对世间各种各样的事情，必须了解各卦所代表的基本行为，触类旁通，举一反三，这样才可以助神断疑。

子曰：知变化之道者，其知神之所为乎？《易》有圣人之道四焉，以言者尚其辞，以动者尚其变，以制器者尚其象，以卜筮者尚其占。是以君子将有为也，将有行也，问焉而以言，其受命也如响，无有远近幽深，遂知来物，非天下之至精，其孰能与于此？参伍以变，错综其数，通其变，遂成天下之文，极其数，遂定天下之象，非天下之至变，其孰能与于此？《易》无思也，无为也，寂然不动，感而遂通天下之故，非天下之至神，其孰能与于此？夫《易》，圣人之所以极深而研几也。唯深也，故能通天下之志；唯几也，故能成天下之务；唯神也，故不疾而速，不行而至。子曰《易》有圣人之道四焉，此之谓也。

孔子说：知事物变化之道的人，是不是知道神之所为呢？《易》有圣人之道四：喜欢语言表达的人崇尚其辞，爱动的人崇尚其变，利用以制器的人崇尚其象，而卜筮的人则崇尚其占。是以君子将有所作为，将有所行动，以语言问它，其受命如响应，有问必答，无论问题有多远，有多近，有多幽，有多深，遂知其作为行动的后果，如果不是天下之至精，有谁能做到这样呢？参伍以变，错综其数，通其变，遂成天下之文，极其数，遂定天下之象，如果不是天下之至变，有谁能做到这样呢？《易》不过是一部书，自身无所思考，无所作为，寂然不动，感而遂通天下之故，如果不是天下之至神，有谁能做到这样呢？《易》这一本书，圣人用以极深而研几。因为可以深入到极点，所以能通天下之志；因为可以研几到极致，所以能成天下之务；因为可以神奇到不可思议，所以能不疾而速，不行而至。孔子所说的《易》有圣人之道四，意思就是这样。

天一地二，天三地四，天五地六，天七地八，天九地十。子曰：夫《易》，何为者也？夫《易》，开物成务，冒天下之道，如斯而已者也。是故，圣人以通天下之志，以定天下之业，以断天下之疑。是故，蓍之德，圆而神；卦之德，方以知；六爻之义，易以贡。圣人以此洗心，退藏于密，吉凶与民同患。神以知来，知以藏往，其孰能与此哉？古之聪明睿智、神武而不杀者夫？是以明于天之道，而察于民之故，是兴神物，以前民用。圣人以此齐戒，以神明其德夫？是故阖户谓之坤，辟户谓之乾，一阖一辟谓之变，往来不穷谓之通，见乃谓之象，形乃谓之器，制而用之谓之法，利用出入、民咸用之谓之神。

天数一、三、五、七、九，地数二、四、六、八、十。

孔子说：《易》是做什么的？《易》是创造事物，做成事务的，其道覆盖天下，如此而已。是故，圣人用《易》通天下之志，定天下之业，断天下之疑。《易》所具有的蓍草之德，圆而神；《易》所具有的卦之德，方以知；《易》所具有的六爻之义，易以贡。圣人用《易》清洗心灵，退藏于密，吉凶与民同患。《易》的作者神以知未来，知以藏过往，真不简单，有谁能做到这样呢？一定是古之聪明睿智、神武而不杀者！是以圣人用《易》明于天之道，而察于民之故，开创新生事物，在民用之前使用。圣人向《易》看齐，用《易》警戒，神明其德。

坤好比合户，乾好比开户，变好比一开一合。通指往来不穷，象指所见，器指其形。制而用之叫效法，利用出入、人民都使用，叫神奇。

是故《易》有太极，是生两仪。两仪生四象，四象生八卦，八卦定吉凶，吉凶生大业。是故法象莫大乎天地；变通莫大乎四时；县象著明莫大乎日月；崇高莫大乎富贵；备物致用，立成器以为天下利，莫大乎圣人；探赜索隐，钩深致远，以定天下之吉凶，成天下之亹亹者，莫大乎蓍龟。是故天生神物，圣人则之；天地变化，圣人效之；天垂象，见吉凶，圣人象之；河出图，洛出书，圣人则之。《易》有四象，所以示也。系辞焉，所以告也；定之以吉凶，所以断也。

《易》曰："自天佑之，吉无不利。"子曰：佑者助也，天之所助者顺也，人之所助者信也。履信思乎顺，又以尚贤也，是以自天佑之、吉无不利也。

是故《易》有太极，太极生阴阳两仪，两仪生太阳、少阳、太阴、少阴四象，四象生乾坤震艮离坎兑巽八卦，八卦决定吉凶，吉凶产生大业。是故法象莫大于天地；变通莫大于四时；悬象著明莫大于日月；崇高莫大于富贵；备物致用，立器成器以为天下利莫大于圣人；探赜索隐，钩深致远，以定天下之吉凶，成天下之亹亹，莫大于蓍龟。是故天生神物，圣人以为法则；天地变化，圣人效法；天垂象，昭示吉凶，圣人以为抽象；河出图，洛出书，圣人以为法则。《易》有四象，用以表示事物本质；《易》系有卦辞爻辞，用以告诉天下道理；《易》能确定吉凶，用以决断天下疑问。

《易》大有卦上九爻辞说："自天佑之，吉无不利。"大有卦表示文明行为，上九爻表示大有之上，义为至德至明。孔子说：佑的意思是帮助；天帮助顺从于天道的人，人帮助有信用的人，一个人如果遵守信用，做事顺从于天，又崇尚贤能，一定自天佑之、吉无不利。

子曰：书不尽言，言不尽意。然则圣人之意，其不可见乎？子曰：圣人立象以尽意，设卦以尽情伪，系辞焉以尽其言，变而通之以尽利，鼓之舞之以尽神。乾坤，其《易》之缊邪？乾坤成列，而《易》立乎其中矣。乾坤毁，则无以见《易》。《易》不可见，则乾坤或几乎息矣。是故形而上者谓之道，形而下者谓之器，化而裁之谓之变，推而行之谓之通，举而错之天下之民谓之事业。是故夫象，圣人有以见天下之赜，而拟诸其形容，象其物宜，是故谓之象。圣人有以见天下之动，而观其会通，以行其典礼，系辞焉，以断其吉凶，是故谓之爻。极天下之赜者存乎卦，鼓天下之动者存乎辞，化而裁之存乎变，推而行之存乎通，神而明之存乎其人，默而成之、不言而信存乎德行。

孔子说：书不尽言，言不尽意。然则圣人之意，真的不可以见吗？

孔子说：圣人发明卦的符号，用以象征人的基本行为，就是为了尽意；设立六十四卦，就是为了尽情伪；除了卦辞以外，又系爻辞，就是为了尽言；卦有六爻，描述基本行为从开始到结束，从最低程度到最高程度的变化，就是为了尽利；卦辞爻辞，言美意赅，鼓舞人心，就是为了尽神。

乾坤二卦，也许是《易》六十四卦中最重要的两卦。把乾坤二卦搞明白了，其余的卦都能搞明白。相反，如果把乾坤二卦的意思弄错了，整部《易》的真义就肯定见不到。见不到《易》的真义，则乾坤之道可能几乎就在读者身上消失。

是故超越物形的叫道，不超越物形的叫器，化而能裁叫变，推而能行叫通，举措施加于人民叫事业。圣人有以见天下行为之深奥，模拟其形容，使其像某个适宜的物体，这样的图象叫卦。圣人有以见天下行为之动，观察其会通，在一些关键时间空间节点上系辞，以判断其吉凶，这些节点叫爻。从卦可以得知天下行为之深奥，从爻辞可以得知天下行为之动，从爻的变化可以得知天下行为之变化，从爻的会通可以得知天下行为之推行，从任何人的行为可以得知《易》之神明，从任何人的德行可以得知《易》之默而成之、不言而信。

第四章　系辞下

八卦成列，象在其中矣；因而重之，爻在其中矣；刚柔相推，变在其中矣；系辞焉而命之，动在其中矣。吉凶悔吝者生乎动者也。刚柔者，立本者也。变通者，趣时者也。吉凶者，贞胜者也。天地之道，贞观者也。日月之道，贞明者也。天下之动，贞夫一者也。夫乾，确然示人易矣；夫坤，隤然示人简矣。爻也者，效此者也。象也者，像此者也。爻象动乎内，吉凶见乎外，功业见乎变，圣人之情见乎辞。天地之大德曰生，圣人之大宝曰位，何以守位曰仁，何以聚人曰财，理财正辞、禁民为非曰义。

八卦乾坤震艮离坎兑巽是本性的抽象。把两个八卦上下重叠在一起，就构成一个卦。一个卦于是有六爻，代表基本行为初期、中期、终期、最低程度、中间程度、最高程度六个阶段。刚柔两种力量相互作用，能将基本行为从一个阶段推向另一个阶段，变化于是就产生了。对每一爻系辞，基本行为的变动就能看得明显。基本行为处于不同阶段，其吉凶悔吝是不相同的。因而，刚柔是立本之所在，而所谓变通，意思就是随着时间改变，行为也作出相应改变。

《易》断定为吉的爻，表明只要处于这个阶段，就总是胜利。相反，《易》断定为凶的爻，则表明只要处于这个阶段，就注定失败。

《易》有天地之道，乾卦为天之道，坤卦为地之道。观天之道，可以明白乾卦的涵义；观地之道，可以明白坤卦的涵义。除此之外，《易》还有日月之道，离卦为日月之道。日月之道，就是一直光明。卦不仅适用于人，而且适用于天下万物。这就意味着天下之动，道理都是一样的。人具有两个精神最重要，一是易，即把事情看得容易，二是简，即把事情看得简单。乾卦表示易的精神，而坤卦则表示简的精神。

卦和爻都是极其抽象的。当爻辞在讲某件事情的时候，意思是实际发生的事情效法这件事情。当卦辞在讲某件事情的时候，意思是实际发生的事情像这件事情。卦爻一动，吉凶随之改变，功业随之改变，这些在圣人的卦辞和爻辞中都可以见到。读《易》可知：生乃天地之大德，位乃圣人之大宝，仁可以守位，财可以聚人，义可以理财正辞、禁民为非。

古者包牺氏之王天下也，仰则观象于天，俯则观法于地，观鸟兽之文，与地之宜，近取诸身，远取诸物，于是始作八卦，以通神明之德，以类万物之情。作结绳而为罔罟，以佃以渔，盖取诸离。

包牺氏没，神农氏作。斫木为耜，楺木为耒，耒耨之利，以教天下，盖取诸益。

日中为市，致天下之民，聚天下之货，交易而退，各得其所，盖取诸噬嗑。

神农氏没，黄帝、尧、舜氏作。通其变，使民不倦；神而化之，使民宜之。《易》穷则变，变则通，通则久，是以自天佑之，吉无不利。黄帝、尧、舜垂衣裳而天下治，盖取诸乾坤。

刳木为舟，剡木为楫，舟楫之利，以济不通，致远以利天下，盖取诸涣。

服牛乘马，引重致远，以利天下，盖取诸随。

重门击柝，以待暴客，盖取诸豫。

断木为杵，掘地为臼，臼杵之利，万民以济，盖取诸小过。

弦木为弧，剡木为矢，弧矢之利，以威天下，盖取诸睽。

上古穴居而野处，后世圣人人易之以宫室，上栋下宇，以待风雨，盖取诸大壮。

古之葬者，厚衣之以薪，葬之中野，不封不树，丧期无数，后世圣人易之以棺椁，盖取诸大过。

上古结绳而治，后世圣人易之以书契，百官以治，万民以察，盖取诸夬。

古代包牺氏王天下之时，仰则观象于天，俯则观法于地，观鸟兽之文，与地之宜，近取诸身，远取诸物，于是始作八卦，以通神明之德，以类万物之情。作结绳而为网罟，以田以渔，大概取诸离卦。离卦在人表示表现的行为，在物表示一物附着于另一物。以打猎网罟为禽兽的附着物，以渔网罟为鱼的附着物，均为离的现象。

包牺氏没，神农氏作。斫木为耜，楺木为耒，耒耨之利，以教天下，大概取诸益卦。益卦表示增益的行为。农具的使用，提高了农业生产力，这是益的行为。

日中为市，致天下之民，聚天下之货，交易而退，各得其所，大概取诸噬嗑卦。噬嗑卦表示使行动符合要求的行为。买者出价符合卖者要求，卖者所卖符合买者要求，这是噬嗑的行为。

神农氏没，黄帝、尧、舜氏作。通其变，使民不倦；神而化之，使民宜之。《易》穷则变，变则通，通则久，是以自天佑之，吉无不利。黄帝、尧、舜垂衣裳而天下治，大概取诸乾卦坤卦。乾卦表示刚健的行为，其精神为易；坤卦表示柔顺的行为，其精神为简。黄帝、尧、舜垂衣裳，用易简精神治理天下，这是乾坤的行为。

刳木为舟，剡木为楫，舟楫之利，以济不通，致远以利天下，大概取诸涣卦。涣卦表示涣散的行为。涣散也就是自由。舟船通行，自由自在，这是涣的行为。

服牛乘马，引重致远，以利天下，大概取诸随卦。随卦表示跟随的行为。服牛乘马，跟随牛马，这是随的行为。

重门击柝，以待暴客，大概取诸豫卦。豫卦表示顺应时机而采取行动的行为。顺应时机而采取行动，利于事先作好预备。重门击柝、以待暴客，是豫的行为。

断木为杵，掘地为臼，臼杵之利，万民以济，大概取诸小过卦。小过卦表示小者过的行为。相对于自然万物，人为小者。断木为杵，掘地为臼，为小过的行为。

弦木为弧，剡木为矢，弧矢之利，以威天下，大概取诸睽卦。睽卦在人表示背离、分离的行为，在物表示分别。弧矢之利，弧矢分别，是睽的现象。

上古穴居而野处，后世圣人人易之以宫室，上栋下宇，以待风雨，大概取诸大壮卦。大壮卦表示大者壮的行为。相对于禽兽，人类为大者。这是大壮的行为。

古之葬者，厚衣之以薪，葬之中野，不封不树，丧期无数，后世圣人易之以棺椁，大概取诸大过卦。大过卦表示大者过的行为。死者为大。这是大过的行为。

上古结绳而治，后世圣人易之以书契，百官以治，万民以察，大概取诸夬卦。科学文化为先进文化，为刚；结绳而治为落后文化，为柔；以先进文化取代落后文化为刚决柔，也就是夬的行为。

是故《易》者象也，象也者像也，彖者材也，爻也者效天下之动者也。是故吉凶生而悔吝著也。阳卦多阴，阴卦多阳。其故何也？阳卦奇，阴卦耦。其德行何也？阳一君而二民，君子之道也。阴二君而一民，小人之道也。

《易》曰："憧憧往来，朋从尔思。"子曰：天下何思何虑？天下同归而殊途，一致而百虑，天下何思何虑？日往则月来，月往则日来，日月相推而明生焉。寒往则暑来，暑往则寒来，寒暑相推而岁成焉。往者屈也，来者信也，屈信相感而利生焉。尺蠖之屈，以求信也。龙蛇之蛰，以存身也。精义入神，以致用也。利用安身，以崇德也。过此以往，未之或知也。穷神知化，德之盛也。

《易》曰："困于石，据于蒺藜。入于其宫，不见其妻，凶。"子曰：非所困而困焉，名必辱；非所据而据焉，身必危。既辱且危，死期将至，妻其可得见邪？

《易》曰："公用射隼于高墉之上，获之，无不利。"子曰：隼者禽也，弓矢者器也，射之者人也。君子藏器于身，待时而动，何不利之有？动而不括，是以出而有获，语成器而动者也。

子曰：小人不耻不仁，不畏不义，不见利不动，不威不惩。小惩而大诫，此小人之福也。《易》曰："屦校灭趾，无咎。"此之谓也。

善不积不足以成名，恶不积不足以灭身。小人以小善为无益而弗为也，以小恶为无伤而弗去也，故恶积而不可掩，罪大而不可解，《易》曰："何校灭耳，凶。"

子曰：危者安其位者也，亡者保其存者也，乱者有其治者也。是故君子安而不忘危，存而不忘亡，治而不忘乱，是以身安而国家可保也，《易》曰：“其亡其亡，系于苞桑。”

子曰：德薄而位尊，知小而谋大，力小而任重，鲜不及矣，《易》曰：“鼎折足，覆公餗，其刑渥，凶。”言不胜其任也。

子曰：知几其神乎？君子上交不谄，下交不渎，其知几乎？几者，动之微，吉之先见者也。君子见几而作，不俟终日。《易》曰：“介于石，不终日，贞吉。”介如石焉，宁用终日？断可识矣！君子知微知彰，知柔知刚，万夫之望。

子曰：颜氏之子，其殆庶几乎？有不善未尝不知，知之未尝复行也。《易》曰：“不远复，无祇悔，元吉。”

天地絪缊，万物化醇，男女构精，万物化生。《易》曰：“三人行，则损一人；一人行，则得其友。”言致一也。

子曰：君子安其身而后动，易其心而后语，定其交而后求。君子修此三者，故全也。危以动，则民不与也；惧以语，则民不应也；无交而求，则民不与也。莫之与，则伤之者至矣。《易》曰：“莫益之，或击之，立心勿恒，凶。”

所以，《易》卦是基本行为的抽象，所谓象就是像。卦辞也叫彖辞，是一卦的主干。爻效法天下之动。是故吉凶生而悔吝著。八卦乾☰、坤☷、震☳、艮☶、离☲、坎☵、兑☱、巽☴当中，乾为纯刚，坤为纯柔，震、艮、坎为刚，离、兑、巽为柔。刚卦又叫阳卦，柔卦也叫阴卦。乾坤除外，阳卦多阴，阴卦多阳。为什么呢？阳卦阳爻之数奇，阴卦阳爻之数偶。其德行怎样呢？阳爻为君，阴爻为民。阳卦一君而二民，表示君子之道。阴卦二君而一民，表示小人之道。

《易》咸卦表示感的行为，九四爻表示咸之下，义为受到感动后情绪冲动，其辞说："憧憧往來，朋从尔思。"意思是思前想后，心意不定，朋友跟从一起思想。对此孔子评论说：天下何思何虑？天下同归而殊途，一致而百虑，天下何思何虑？日往则月来，月往则日来，日月相推而明产生。寒往则暑来，暑往则寒来，寒暑相推而岁生成。往者屈也，来者伸也，屈伸相感而利产生。尺蠖之屈，为了伸。龙蛇之蛰，为了保存生命。精义入神，为了致用。利用安身，是为了崇德。过此以往，就不知道了。穷神知化，德才盛大。

《易》困卦表示受困的行为。六三爻表示困之终期，义为：为了非份，结果困于石；这样的人，若是无所据，也不会做不正当的事而困于石；他之所以困于石，是因为有所据而不知其所据非所据，就像据于蒺藜。其辞说："困于石，据于蒺藜。入于其宫，不见其妻，凶。"孔子对此评论说：非所困而困，名必辱；非所据而据，身必危。既辱且危，死期将至，妻其可得见吗？

《易》解卦表示缓解的行为，上六爻表示解之上，义为解更大的问题，只有大人才能做到，其辞说："公用射隼于高墉之上，获之，无不利。"孔子对此评论说：隼是禽，弓矢是器，射隼的是人。君子藏器于身，待时而动，何不利之有？动而不括，是以出而有获，这话是说成大人之器而动的人。

孔子说：小人不认为不仁可耻，不畏惧不义，不看见利益不行动，不被威吓不警戒。小惩而大诫，这是小人之福。《易》噬嗑卦初九爻辞说："屦校灭趾，无咎。"说的正是这个道理。噬嗑卦表示使行动符合要求的行为，初九爻表示噬嗑之初始，义为：在明白要求之前，不要采取行动。爻辞的意思是：不行动，像给脚穿上刑具淹没了足趾，无咎。不惩戒小人，小人不会明白大家对他的要求。在此情况下，小人不采取行动无咎，反之，采取行动则凶。因而，在小人行动之前惩戒他，让他明白大家对他的要求，是小人的福气。

善不积不足以成名，恶不积不足以灭身。小人以为小善无益处，因而不为，以为小恶无害处，因而不去，故恶积而不可掩，罪大而不可解，《易》噬嗑卦上九爻辞说："何校灭耳，凶。"说的正是这个情况。噬嗑卦表示使行动符合要求的行为，上九爻表示噬嗑之上，义为：行动不符合要求，却不听人忠告。爻辞的意思是：不听别人忠告，像戴上刑具淹没了耳朵，凶。小人不为小善、不去小恶，这样做不符合大家的要求。在这种情况下，应该听取别人忠告，改正自己的错误做法。但是小人不听，继续原来的做法，最后至于罪大恶极而凶。

孔子说：地位危险的人正是认为其地位安全的人，国家灭亡的人正是认为其存在有保障的人，国家混乱的人正是认为其国家得到治理的人。所以君子在个人地位安全的时候不忘记危险，在国家存在的时候不忘记灭亡，在国家治理的时候不忘记混乱，是以身安而国家可保，《易》否卦九五爻辞说："其亡其亡，系于苞桑。"否卦表示禁止的行为。九五爻表示否之中，义为内在力量要求禁止。完整的爻辞为："休否，大人吉，其亡其亡，系于苞桑。"这话的意思是：实施完美的禁止，叫休否，只有大人能够做到休否，做到吉；随时提醒自己危险一直存在，像一块重物系于苞桑，随时可能掉地上，这样才能做到休否，做到休否的只有大人。

孔子说：德薄而位尊，知小而谋大，力小而任重，没有几个能胜任的，《易》鼎卦九四爻辞说："鼎折足，覆公餗，其刑渥，凶。"说的是不胜其任。鼎卦表示担当任务的行为。九四爻表示鼎之下，义为：能力小，任务重，却不能听取别人意见，一定不胜其任。爻辞的意思为：力小而任重，不胜其任，如鼎折足，倾覆公餗，其形湿渥，凶。

孔子说：知几的人真神奇！君子上交不谄，下交不渎，就是因为知几！什么叫几？几是动之细微、吉之先见者。君子见几而作，不俟终日。《易》豫卦六二爻辞说："介于石，不终日，贞吉。"介就是界，指界的标识。标识如大石，一眼就能看出，还用得了一整日吗？断然可识嘛！君子知微知彰，知柔知刚，万夫之望。豫卦表示顺应时机而采取行动的行为。六二爻表示豫的中期，义为：作了预备，并且抓住了时机。爻辞的意思是：及时作好了预备，时机一出现便识得，如石界一般确定，于是立即采取行动，从时机出现到采取行动不过当天，正吉。

孔子说：像颜渊那样就差不多了。颜渊有不善未尝不知，知之未尝重复其行。《易》复卦初九爻辞说："不远复，无祇悔，元吉。"复卦表示返复的行为，包括康复、恢复、修复、复原等。初九爻表示复之初始，义为：其出不远，很容易返复。爻辞的意思是：离原点不远而复，叫不远复，无悔，元吉。

天地絪缊，万物化醇，男女构精，万物化生。《易》损卦六三爻辞说："三人行，则损一人；一人行，则得其友。"说的是致一。损卦表示减损的行为。六三爻表示损之终期，义为：视情况或损或益。爻辞的意思是：三人行，则损一人；一人行，则得一人为友。

孔子说：君子安其身而后动，易其心而后语，定其交而后求。君子修此三者，所以完全。危以动，则别人不与亲近；惧以语，则别人不响应；无交而求，则别人不给与。莫之与，则伤害接踵而至。《易》益卦上九爻辞说："莫益之，或击之，立心勿恒，凶。"益卦表示增益的行为。上九爻表示益之上，义为：既盈，莫益之。爻辞的意思是：对于有的行为，切莫益之，益之或受打击，立心不可长久，凶。

子曰：乾坤，其《易》之门邪？乾，阳物也；坤，阴物也。阴阳合德而刚柔有体，以体天地之撰，以通神明之德。其称名也，杂而不越，于稽其类，其衰世之意邪？夫《易》，彰往而察来，而微显阐幽。开而当名，辨物正言，断辞则备矣。其称名也小，其取类也大，其旨远，其辞文，其言曲而中，其事肆而隐。因贰以济民行，以明失得之报。

孔子说：乾坤二卦，应该是《易》之门吧？乾为纯阳之卦，坤为纯阴之卦。明白乾坤，才能明白阴阳、刚柔。乾坤合德，万物以生，而万物以刚柔为体。《易》之为书，以乾卦坤卦为首，屯蒙等六十二卦，依次以叙，这样的顺序正是体现了天地造化，贯通了神明之德。《易》之称名，杂碎而不逾越。稽考这些称名所代表的类别，也许反映了作者世道将由盛而衰的思想。《易》彰显过往，体察未来，让明显的事物显得不是那么明显，让幽暗的事物显得不是那么幽暗。开释诸卦所使用的物品对于卦名十分恰当，对于事物的辨别十分精细，所用语言都从正面叙述，对于行为的断语则是完备的。《易》之称名小，而其代表的事类大。《易》之旨意悠远，言辞充满文彩，所言委婉而中的，所叙述的事情人人皆知，而其道理却十分隐晦。《易》的吉凶占辞可以帮助人们改善行为，吉是行为有所得的回报，凶是行为有所失的回报。

《易》之兴也，其于中古乎？作《易》者，其有忧患乎？

是故，履，德之基也；谦，德之柄也；复，德之本也；恒，德之固也；损，德之修也；益，德之裕也；困，德之辨也；井，德之地也；巽，德之制也。

履，和而至；谦，尊而光；复，小而辨于物；恒，杂而不厌；损，先难而后易；益，长裕而不设；困，穷而通；井，居其所而迁；巽，称而隐。

履以和行，谦以制礼，复以自知，恒以一德，损以远害，益以兴利，困以寡怨，井以辨义，巽以行权。

《易》的兴起，也许是在中古吧？《易》的作者，该不是有忧患吧？

履卦表示履行的行为。德在于履行，所以履为德的根基。谦卦表示谦虚、谦让的行为。德的关键在于谦虚、谦让，所以谦为德的把柄。复卦表示返复的行为，包括康复、恢复、修复、复原等。德的根本在于知错能改，所以复是德的根本。恒卦表示坚持的行为。德的巩固在于坚持，所以恒是德的巩固。损卦表示减损的行为。身上有毛病或过失，就应该及时减损，所以损为德的修养。益卦表示增益的行为。做得好的，应该加强，所以益为德的增裕。困卦表示受困的行为。受困之时，能不能守之不移，可以辨别是否有德，所以困为德的辨别。井卦表示建立理论的行为。君子进德，不是说教，而是行为理论使然，所以井为德的土地。巽卦表示接受听从的行为。制定德的规范，让大众听从，所以巽为德的制度。

履行，其道和则容易，所以说履和而至。谦虚谦让，虽然置身于卑下，反而令人尊敬而光明，所以说谦尊而光。返复，最好是不远复，偏离了正确方向小而能辨别，才能做到不远复，所以说复小而辨于物。恒久，事情杂乱而不厌其烦，所以说恒杂而不厌。减损，其道开始困难过后容易，所以说损先难而后易。增益，其道增长的时候不宜设置限制，所以说益长裕而不设。受困，其道穷尽的时候正是亨通的时候，所以说困穷而通。有理论指导，就不会受环境的约束，所以说井居其所而迁。让别人接受听从，一定要称扬命令，隐瞒理由，所以说巽称而隐。

履和而至，故履以和行。谦让是礼的重要内容，故谦以制礼。复使人不偏离正确方向，故复以自知。恒使人从一而终，故恒以一德。损为减损自己的毛病过失，故损以远害。益为增益加强，故益以兴利。兴趣、志向、使命使人受困，故困以寡怨。建立理论讲究逻辑严密，故井以辨义。巽能申命行事，故巽以行权。

《易》之为书也不可远，为道也屡迁。变动不居，周流六虚。上下无常，刚柔相易，不可为典要，唯变所适。其出入以度，外内使知惧。又明于忧患与故。无有师保，如临父母。初率其辞，而揆其方，既有典常。苟非其人，道不虚行。

《易》之为书也，原始要终以为质也。六爻相杂，唯其时物也。其初难知，其上易知，本末也。初辞拟之，卒成之终。若夫杂物撰德，辨是与非，则非其中爻不备。噫！亦要存亡吉凶，则居可知矣。知者观其彖辞，则思过半矣。

《易》之为书，其旨意为常理，所以不可远求。《易》之为道，不是一成不变，而是屡屡变迁。《易》的六十四卦就是六十四道，每个道变动不居，在六爻里面周流穿梭。道虽不变，人则变化无常。一会儿上，一会儿下，上下不定。一会儿使用力量为刚，一会儿不使用力量为柔，刚柔相易。因而不可将其作为典要，生搬硬套，唯一正确的做法是改变自己去适应。在运用《易》六十四道时，无论出门在外，还是入门在内，都应该把握好尺度，在外在内都应该知道恐惧。不仅如此，还应该明于忧患与忧患的缘故。虽然无有师保，敬事如临父母。开始时严格按照卦辞爻辞指示去做，而后将慢慢找到方向，最后会体会到道之典常。只要不是太笨，六十四道都能引人于善而不虚此行。

《易》之为书，其内容叙述了基本行为从开始到终结、从最低程度到最高程度将要发生的事情及其后果。总共六爻，三爻表示时间，分别为初期、中期、终期，三爻表示程度，分别为最低、中间、最高程度。不同的时间，行为所达到的程度不同；不同的程度，需要的时间不同。时间和程度并不一一对应，程度说到底还是决定于时间。初爻表示基本行为的初期，一般难以认知。上爻表示基本行为的程度最高，一般容易认知。这是为什么呢？这是因为初爻上爻分别指基本行为之本末，本难知，末易知。任何事物刚开始的时候都很细微，看似可以这样也可以那样。到底是这样还是那样，等到事物终结，就一目了然了。然而，从初始到终结，事物必将经历一个中间时期。同理，从最低到最高程度，事物必将经历一个中间程度。如果要区分不同事物，区分各种行为的品德，辨别是非曲直，没有代表中间时间中间程度的爻，显然是不完备的。代表中间时间的爻为二爻，代表中间程度的爻为五爻，它们都称为中爻。噫！天下存亡吉凶，居住在家便可知道。智者观其彖辞爻辞，则思就过半啦。

二与四同功而异位，其善不同，二多誉，四多惧，近也。柔之为道，不利远者，其要无咎，其用柔中也。三与五同功而异位，三多凶，五多功，贵贱之等也。其柔危，其刚胜邪。

《易》之为书也，广大悉备。有天道焉，有人道焉，有地道焉。兼三材而两之，故六。六者非它也，三材之道也。道有变动故曰爻，爻有等故曰物，物相杂故曰文，文不当故吉凶生焉。

《易》之兴也，其当殷之末世、周之盛德邪？当文王与纣之事邪？是故其辞危。危者使平，易者使倾，其道甚大。百物不费，惧以终始，其要无咎。此之谓《易》之道也。

一卦六爻。卦表示基本行为时，初爻为初期，二爻为中期，三爻为终期，四爻为最低程度，五爻为中间程度，上爻为最高程度。卦表示道时，初爻为不及，二爻为中，三爻为过，四爻为下策，五爻为中策，上爻为极端之策。二与四同为偶数，分属下卦和上卦，故其善不同。二爻为下卦之中，在道为中，所以多誉。四爻为上卦之下，在道为下策，所以多惧。柔之为道，不利远者，其要无咎，其用柔中。三与五同为奇数，分属下卦和上卦。三爻为下卦之上，在道为过，所以多凶。五爻为上卦之中，在道为中策，所以多功。由于这个原因，处于五爻的人显得高贵，处于三爻的人显得低贱。以柔处于三、五爻的时候会危险，而以刚处之则胜。

《易》之为书，广大悉备。《易》有天道，有人道，有地道。天、地、人为三才。三乘以二得六。所以，六所指不是别的，正是三才之道。道针对变动故叫爻，爻有等差故叫物，物相杂故叫文，文不当故吉凶生。

《易》之兴起，也许当殷之末世、周之盛德时？也许当文王与纣之事时？是故其辞危。危者使平，易者使倾，其道甚大。百物不费，惧以终始，其要无咎。此叫做《易》之道。

夫乾，天下之至健也，德行恒易以知险。夫坤，天下之至顺也，德行恒简以知阻。能说诸心，能研诸侯之虑，定天下之吉凶，成天下之亹亹者。是故变化云为，吉事有常，象事知器，占事知来。

天地设位，圣人成能。人谋鬼谋，百姓与能。八卦以象告，爻象以情言。刚柔杂居，而吉凶可见矣。变动以利言，吉凶以情迁。是故，爱恶相攻而吉凶生，远近相取而悔吝生，情伪相感而利害生。凡《易》之情，近而不相得则凶，或害之，悔且吝。将叛者其辞惭，中心疑者其辞枝，吉人之辞寡，躁人之辞多，诬善之人其辞游，失其守者其辞屈。

乾为天下之至健，德行恒易以知险。坤为天下之至顺，德行恒简以知阻。《易》能悦诸心情，能研究诸侯之忧虑，断定天下之吉凶，成天下之亹亹。《易》使人变化云为，吉事有常，象事知器，占事知来。

天地设位，圣人成能。人谋鬼谋，百姓与能。八卦以抽象告诉真理，爻象以实情言说真理。刚柔杂居，吉凶可见。变动以利言，吉凶以情迁。是故，爱恶相攻而吉凶生，远近相取而悔吝生，情伪相感而利害生。凡《易》之情，近而不相得则凶，或害之，悔且吝。将叛者其辞惭，中心疑者其辞枝，吉人之辞寡，躁人之辞多，诬善之人其辞游，失其守者其辞屈。

第五章　说卦

昔者圣人之作《易》也，幽赞于神明而生蓍，参天两地而倚数，观变于阴阳而立卦，发挥于刚柔而生爻，和顺于道德而理于义，穷理尽性，以至于命。

昔者圣人之作《易》也，将以顺性命之理，是以立天之道曰阴与阳，立地之道曰刚与柔，立人之道曰仁与义，兼三才而两之，故《易》六画而成卦。分阴分阳，迭用柔刚，故《易》六位而成章。

天地定位，山泽通气，雷风相薄，水火不相射，八卦相错，数往者顺，知来者逆，是故《易》逆数也。

古代圣人作《易》，深明于神明，从而发明了蓍草占筮之法。这种方法，其核心是将数与卦联系起来，而卦则象征基本行为。蓍草占筮之法准还是不准，根本上取决于对基本行为的认识正确还是不正确。

《易》的作者发现，人类的行为虽然是无限的，但是基本行为却是有限的，一共六十四个。人类的任何实际行为，要么是这六十四个基本行为中的一个，要么由它们中若干个构成。每一个基本行为都可以准确定义，其中，有的与日常生活中的单个行为相同，有的却相去甚远。在时间轴上取初始、中期、终期三个点，则每一个基本行为的变化是固定不变的、十分简单的。同理，在空间（程度）轴上取最低、中间、最高三个点，每一个基本行为的变化也是固定不变的、十分简单的。基本行为的变化规律称为“道”，因而一共有六十四个道，分别对应于六十四个基本行为。

在此基础上，《易》的作者发明了卦的符号，用以表示基本行为。卦有六爻，下三爻对应时间，上三爻对应空间（程度）。从上往下叫顺数，从下往上叫逆数。《易》是逆数。第一爻代表初期，第二爻代表中期，第三爻代表终期，第四爻代表最低程度，第五爻代表中间程度，第六爻代表最高程度。

发现基本行为及其变化规律是一回事，解释、说明这些变化规律是另一回事。《易》的作者发现了基本行为及其变化规律，但是并没有解释说明这些规律的缘由。要对这些规律作出深入理解，必须进一步分析基本行为的构成。

一卦由六爻构成，下三爻对应时间，上三爻对应空间（程度）。可以将下三爻和上三爻分别独立来看，这样一来，一卦可以看作由上下两个八卦重叠构成，每个八卦三爻。八卦为：

乾☰，坤☷，震☳，艮☶，离☲，坎☵，兑☱，巽☴。

八卦具有特别的意义。这个意义就是：八卦表示人的本性。乾表示健，坤表示顺，震表示动，艮表示止，离表示明，坎表示险，兑表示兑，巽表示巽。健顺动止明险兑巽是人的八个本性。人只有这八个本性，除此之外，没有别的本性。卦由八卦构成，表示人的行为决定于人的本性。基本行为存在规律性，表明人的本性不变。

要能穷尽六十四个基本行为变化的道理，必须对人的本性有深入理解。若要进一步回答为什么人只有这八个本性，那就只有从命这个角度去回答了，正所谓：穷理尽性，以至于命。

雷以动之，风以散之，雨以润之，日以煊之，艮以止之，兑以说之，乾以君之，坤以藏之。

帝出乎震，齐乎巽，相见乎离，致役乎坤，说言乎兑，战乎乾，劳乎坎，成言乎艮。

万物出乎震。震，东方也。齐乎巽。巽，东南也。齐也者，言万物之絜齐也。离也者，明也。万物皆相见，南方之卦也。圣人南面而听天下，向明而治，盖取诸此也。坤也者，地也，万物皆致养焉，故曰致役乎坤。兑，正秋也，万物之所说也，故曰说言乎兑。战乎乾，乾，西北之卦也，言阴阳相薄也。坎者，水也，正北方之卦也，劳卦也，万物之所归也，故曰劳乎坎。艮，东北之卦也，万物之所成终而所成始也，故曰成言乎艮。

神也者，妙万物而为言者也。动万物者莫疾乎雷，桡万物者莫疾乎风，燥万物者莫熯乎火，说万物者莫说乎泽，润万物者莫润乎水，终万物始万物者莫盛乎艮。故水火相逮，雷风不相悖，山泽通气，然后能变化，既成万物也。

乾，健也。坤，顺也。震，动也。巽，入也。坎，陷也。离，丽也。艮，止也。兑，说也。

乾为马，坤为牛，震为龙，巽为鸡，坎为豕，离为雉，艮为狗，兑为羊。

乾为首，坤为腹，震为足，巽为股，坎为耳，离为目，艮为手，兑为口。

乾，天也，故称乎父。坤，地也，故称乎母。震，一索而得男，故谓之长男。巽，一索而得女，故谓之长女。坎，再索而得男，故谓之中男。离，再索而得女，故谓之中女。艮三索而得男，故谓之少男。兑三索而得女，故谓之少女。

八卦代表的本性具有普世性。也就是说，八卦代表的本性不仅人有，而且天有，地有，天地之间万物都有。万物当中，人是特殊的事物，具有全部八个本性。有的事物只具有或近似只具有其中一个本性，这样的事物叫做本性或八卦的象。

在自然界，天、地、山、泽、雷、风、水、火（日）是八卦的象。

雷一出，万物皆动。风一出，云就散。雨一出，万物皆润。日（火）一出，万物温暖。山一出，万物皆止。天一出，就知道方向。地一出，万物可藏。

帝出乎震，意思是皇帝一出，万民震动。实际上，任何事物出现，都会令人震动。人能动，动是人的本性，震卦表示动的本性。震的象为雷。震为东方。

齐乎巽。人能听从别人的话，这个本性叫巽。万民听从一人的话，大家的行为就整齐，所以说齐乎巽，齐言万物整齐。巽卦表示巽的本性。巽的象为风。巽为东南。

相见乎离。离是明的意思。万物皆明，所以万物皆相见。人能见物，也能被别人见，这个本性叫明。离卦表示明的本性。离为南方，因为南方明。圣人南面而听天下，向明而治，取的就是此意。日明火明，故离的象为日为火。

致役乎坤。坤是地的别名，万物皆致养，所以说致役乎坤。人能像地一样顺从于别人，这个本性叫顺。坤卦表示顺的本性。坤的象为地。坤为西南。

悦言乎兑。兑是开心的意思。人开心就喜悦，所以说悦言乎兑。兑在季节上是正秋，这是收获的季节，是万物之所喜悦的季节，也所以说悦言乎兑。人能喜悦，这个本性叫兑。兑卦表示兑的本性。泽令人喜悦，故兑的象为泽。兑为西方。

战乎乾。人能战斗，这是因为人都有力量，并且都能使用力量不停息。这个本性叫健。乾卦表示健的本性，所以说战乎乾。天的力量无限，故乾的象为天。乾为西北。

劳乎坎。人能劳动，这个本性叫险，又叫陷。坎卦表示险的本性。行险如涉水，所以坎的象为水。人人都劳动，所以说劳乎坎。坎为北方。

成言乎艮。人能停止，这个本性叫止。艮卦表示止的本性。山止，所以艮的象为山。万物之所成终而所成始，所以说成言乎艮。艮为东北。

所谓神，是说万物奇妙。动万物者莫疾乎雷，桡万物者莫疾乎风，燥万物者莫熯乎火，悦万物者莫悦乎泽，润万物者莫润乎水。八个本性相互作用，形成数不清的行为，就像天地设位，水火相逮，雷风不相悖，山泽通气，然后能变化，既成万物。

乾表示健。坤表示顺。震表示动。巽表示听从，也就是入。坎表示险，也就是陷。离表示明，也就是丽。艮表示止。兑表示开心，也就是悦。

马健，故乾为马。牛顺，故坤为牛。见龙而震，故震为龙。闻鸡起舞，故巽为鸡。豕陷，故坎为豕。雉丽，故离为雉。见狗而止，故艮为狗。见羊而悦，故兑为羊。

首如天，故乾为首。腹如地，故坤为腹。足动，故震为足。股从，故巽为股。耳入，故坎为耳。目明，故离为目。手止，故艮为手。口悦，故兑为口。

乾为天，在家父为天，故称乎父。坤为地，在家母为地，故称乎母。震☳，一索而得男，故谓之长男。巽☴，一索而得女，故谓之长女。坎☵，再索而得男，故谓之中男。离☲，再索而得女，故谓之中女。艮☶，三索而得男，故谓之少男。兑☱，三索而得女，故谓之少女。

乾为天，为圜，为君，为父，为玉，为金，为寒，为冰，为大赤，为良马，为老马，为瘠马，为驳马，为木果。

坤为地，为母，为布，为釜，为吝啬，为均，为子母牛，为大舆，为文，为众，为柄。其于地也为黑。

震为雷，为龙，为玄黄，为旉，为大涂，为长子，为决躁，为苍筤竹，为萑苇。其于马也，为善鸣，为馵足，为作足，为的颡。其于稼也，为反生。其究为健，为蕃鲜。

巽为木，为风，为长女，为绳直，为工，为白，为长，为高，为进退，为不果，为臭。其于人也，为寡发，为广额，为多白眼，为近利市三倍。其究为躁卦。

坎为水，为沟渎，为隐伏，为矫輮，为弓轮。其于人也，为加忧，为心病，为耳痛，为血卦，为赤。其于马也，为美脊，为亟心，为下首，为薄蹄，为曳。其于舆也，为多眚，为通，为月，为盗。其于木也，为坚多心。

离为火，为日，为电，为中女，为甲胄，为戈兵。其于人也，为大腹。为乾卦，为鳖，为蟹，为蠃，为蚌，为龟。其于木也，为科上槁。

艮为山，为径路，为小石，为门阙，为果蓏，为阍寺，为指，为狗，为鼠，为黔喙之属。其于木也，为坚多节。

兑为泽，为少女，为巫，为口舌，为毁折，为附决。其于地也，为刚卤。为妾，为羊。

人只要健康就能工作不停息，年年工作，月月工作，日日工作，这种能力叫健，健是人的本性。乾代表健。天行健，所以天是乾的象。健的准确定义是使用力量不停息。使用力量就必须要有力量。社会中力量最大的是君，家庭中力量最大的是父，身体上力量最大的是头，所以乾为君、为父、为首。有力量就能战，所以说战乎乾。西北的人好战，故乾为西北。

人能顺从于别人，顺是人的本性。坤代表顺。大地顺从于万物，没有大地，万物无从于滋养、生长，所以地是坤的象，所以说万物皆致养、致役乎坤。母亲顺从于子女，故坤为母。肚子不饿是最大的顺从，所以坤为腹。坤卦说西南得朋，所以坤为西南。

人能动，动是人的本性。震代表动。任何事物一出现，每个人都会受到震惊而动。这当中最突出的一是雷，二是皇帝，所以说震为雷，所以又说帝出乎震、万物出乎震。人一迈腿就动了，故震为足。太阳从东方升起，天一亮，人人都行动起来，所以震为东方。

如果我们喜欢一个人，就会在心里接受他并且听从于他。接受听从的本性叫巽。巽卦代表巽的本性。爱是巽的最高程度：爱一个人，就会十分接受听从他。接受听从像木，木在外力作用下弯曲而不折，所以木为巽之象。接受听从为入，所以说巽入也。接受听从一个人，就会跟他走，所以巽为股。我们可以接受听从别人的话，也可以说话让别人接受听从，这是巽的另一个形式，这像风，风吹万物摇，所以巽的象也为风。齐乎巽，说的就是风。本来不整齐，风一吹就整齐了。大家意见本来不统一，各说各有理，领导作出指示，大家统一于领导的意见，这叫齐乎巽，是巽的本性在起作用。巽为东南。

人能陷于做事，做事为行险，所以行险或陷是人的本性。坎代表险、陷。忧虑使人陷，故坎为忧虑。听到别人的话容易使人忧虑，故坎为耳。最典型的行险为涉水，故坎为水。雨也为水，故坎也为雨。做事和涉水在本质上没有不同，都是险的本性在起作用。做事者劳，所以说劳乎坎。北方人劳，故坎为北方。

人能看见事物、理解事物，所以明是人的本性。离代表明。人看事物靠眼，所以离为目。日一出，万物皆明，所以日为离之象。同理，火、闪电也都为离之象。物体明则可见，所以说万物皆相见。圣人南面而听天下，其意是向明而治，就是取诸离。南方火热，所以离为南方。

人不能动而不止，停止是人的本性。艮代表止。运动一遇山，都会停止下来，故山为艮之象。任何事情一旦做成就会自然停止下来，并且开始做新的事情，所以说万物之所成终而所成始，所以又说成言乎艮。手势使人停止，故艮为手。东北山多，故艮为东北之卦。

人若是心里高兴就会喜悦，若是心里不高兴就会愤怒。把心里的思想情绪释放、发泄出来的本性叫兑，兑卦代表兑的本性。兑是悦，也是愤怒。秋天是收成的季节，也是喜悦的季节，故兑为正秋。说话最能释放发泄思想情绪，所以兑为说。说话离不开口，所以兑为口。人释放发泄思想感情，就像泽释放水汽，故兑的象为泽。兑为西方。

第六章　序卦

有天地然后万物生焉，盈天地之间者唯万物，故受之以屯。屯者，盈也。屯者，物之始生也。物生必蒙，故受之以蒙。蒙者，蒙也，物之稚也。

物稚不可不养也，故受之以需。需者，饮食之道也。饮食必有讼，故受之以讼。讼必有众起，故受之以师。师者，众也。众必有所比，故受之以比。比者，比也。

比必有所畜，故受之以小畜。物畜然后有礼，故受之以履。履而泰然后安，故受之以泰。泰者，通也。物不可以终通，故受之以否。

物不可以终否，故受之以同人。与人同者，物必归焉，故受之以大有。有大者不可以盈，故受之以谦。有大而能谦必豫，故受之以豫。

豫必有随，故受之以随。以喜随人者必有事，故受之以蛊。蛊者，事也。有事而后可大，故受之以临。临者，大也。物大然后可观，故受之以观。

可观而后有所合，故受之以噬嗑。嗑者，合也。物不可以苟合而已，故受之以贲。贲者，饰也。致饰然后亨则尽矣，故受之以剥。剥者，剥也。物不可以终尽，剥穷上反下，故受之以复。

复则不妄矣，故受之以无妄。有无妄然后可畜，故受之以大畜。物畜然后可养，故受之以颐。颐者，养也。不养则不可动，故受之以大过。

物不可以终过，故受之以坎。坎者，陷也。陷必有所丽，故受之以离。离者，丽也。

没有天，就没有地，也就没有万物，故《易》以乾为首，而以坤继之。乾表示刚健的行为，坤表示柔顺的行为。乾为天，坤为地。有天地然后万物生，充满天地之间的是万物，故继坤之后为屯。屯卦表示创生的行为。创生之动满盈。屯意味着盈，也意味着万物始生。物生必然蒙昧，故继之以蒙。蒙卦表示求知的行为。人因为蒙昧，所以求知，故卦名蒙。蒙字是蒙昧的意思，蒙昧发生于物幼稚时期。

物幼稚不可不养，故继之以需。需卦表示中断行程等待的行为。人要饮食，必然中断前进的步伐，所以需为饮食之道。饮食必有争讼，故继之以讼。讼卦表示争讼的行为。争讼必有众起，故继之以师。师卦表示团结的行为。人多，团结在一起，为众。众必有所比，故继之以比。比卦表示亲比的行为。一个人与另一个人亲近，叫比。

比必有所畜积，故继之以小畜。小畜表示涵畜的行为。涵畜需要畜积一些文辞技巧，其所畜小，所以卦名小畜。物畜然后有礼，故继之以履。履卦表示履行的行为。履行职责离不开礼，所以履意味着礼。履而泰然后安，故继之以泰。泰卦表示通的行为。与人交往沟通叫泰；泰字是通的意思。物不可以终通，故继之以否。否卦表示禁止的行为。禁止则不通，所以否与泰相反。

物不可以终否，故继之以同人。同人表示使别人同意自己的行为。与人同者物必归，故继之以大有。大有表示文明行为。文明行为有人追随，如其所有，故卦名大有。有大者不可以盈满，故继之以谦。谦卦表示谦虚谦让的行为。有大而能谦必豫，故继之以豫。豫卦表示顺应时机而采取行动的行为。顺应时机而采取行动，利于事先作好预备，故卦名豫，豫即预。顺以动必愉悦，所以豫引申为愉悦意。

豫必有人跟随，故继之以随。随卦表示跟随的行为。以喜随人者必有事，故继之以蛊。蛊卦表示受到蛊惑的行为。事情皆因蛊而起，所以蛊意味着事。有事而后可大，故继之以临。临卦表示莅临的行为。以大临小为临，所以临意味着大。物大然后可观，故继之以观。观卦表示观察的行为。

可观而后有所合，故继之以噬嗑。噬嗑卦表示使符合要求的行为。嗑的意思是合。物不可以苟合而已，故继之以贲。贲卦表示文饰的行为，贲字的意思是饰。致饰然后亨则尽，故继之以剥。剥卦表示剥的行为。剥而不已则尽。物不可以终尽，所以剥到一定程度必然返复，穷上返下，故继之以复。复卦表示返复的行为。

复则不妄，故继之以无妄。无妄卦表示对结果不存妄想的行为。有无妄然后可畜，故继之以大畜。大畜卦表示畜积德行的行为。其所畜大，故卦名大畜。物畜然后可养，故继之以颐。颐卦表示养的行为。不养则不可动，故继之以大过。大过表示大者过的行为。

物不可以终过，故继之以坎。坎卦表示行险的行为。坎字为陷的意思。陷必有所丽，故继之以离。离卦表示表现的行为。表现好则美丽。离为丽的意思。

有天地然后有万物，有万物然后有男女，有男女然后有夫妇，有夫妇然后有父子，有父子然后有君臣，有君臣然后有上下，有上下然后礼义有所错。

夫妇之道，不可以不久也，故受之以恒。恒者，久也。物不可以久居其所，故受之以遁。遁者，退也。物不可以终遁，故受之以大壮。

物不可以终壮，故受之以晋。晋者，进也。进必有所伤，故受之以明夷。夷者，伤也。伤于外者，必反于家，故受之以家人。家道穷必乖，故受之以睽。睽者，乖也。

乖必有难，故受之以蹇。蹇者，难也。物不可以终难，故受之以解。解者，缓也。缓必有所失，故受之以损。损而不已必益，故受之以益。

益而不已必决，故受之以夬。夬者，决也。决必有遇，故受之以姤。姤者，遇也。物相遇而后聚，故受之以萃。萃者，聚也。聚而上者谓之升，故受之以升。

升而不已必困，故受之以困。困乎上者必反下，故受之以井。井道不可不革，故受之以革。革物者莫若鼎，故受之以鼎。

主器者莫若长子，故受之以震。震者，动也。物不可以终动，动必止之，故受之以艮。艮者，止也。物不可以终止，故受之以渐。渐者，进也。进必有所归，故受之以归妹。

得其所归者必大，故受之以丰。丰者，大也。穷大者，必失其居，故受之以旅。旅而无所容，故受之以巽。巽者，入也。入而后说之，故受之以兑。兑者，说也。

说而后散之，故受之以涣。涣者，离也。物不可以终离，故受之以节。节而信之，故受之以中孚。有其信者必行之，故受之以小过。

有过物者必济，故受之以既济。物不可穷也，故受之以未济终焉。

有天地然后有万物，有万物然后有男女，有男女然后有夫妇，有夫妇然后有父子，有父子然后有君臣，有君臣然后有上下，有上下然后礼义有所错。

咸卦表示感的行为，男女相感而成夫妇，夫妇为人道之始，故咸为下经之首。夫妇之道，不可以不久，故继之以恒。恒卦表示坚持的行为。坚持则做事恒久，故卦名恒。恒字的意思为久。物不可以久居其所，故继之以遁。遁卦表示逃遁的行为。遁字是退的意思。物不可以终遁，故继之以大壮。大壮表示大者壮的行为。

物不可以终壮，故继之以晋。晋卦表示晋升的行为，意思是顺从于当前形势前进从而把品德和才干展示出来。所以晋有进的涵义。进必有所伤，故受之以明夷。明夷卦表示明在受伤时所采取的行为。夷字是伤的意思。伤于外者，必返于家，故继之以家人。家人卦表示对待家人的行为。家道穷必乖离，故继之以睽。睽卦表示背离、分离的行为。睽字的意思是乖。

乖必有难，故继之以蹇。蹇卦表示遇到蹇难所采取的行为。蹇难是一种特殊的难。物不可以终难，故继之以解。解卦表示缓解的行为。解是缓的意思。缓必有所失，故继之以损。损卦表示减损的行为。损而不已必益，故继之以益。益卦表示增益的行为。

益而不已必决，故继之以夬。夬卦表示刚决柔的行为。夬字是决的意思。决必有遇，故继之以姤。姤卦表示柔遇刚的行为。姤字是遇的意思。物相遇而后聚，故继之以萃。萃卦表示与人集聚的行为。萃字是聚的意思。聚而上者谓之升，故继之以升。升卦表示生长的行为，包括长身体、长知识、能力提升、素质提高、职务提升等。

升而不已必困，故继之以困。困卦表示受困的行为。困于上者必返下，故继之以井。井卦表示建立理论的行为。理论不可不变，井道不可不革，故继之以革。革卦表示改革、变革、革新、改变的行为。革物者莫如鼎，故继之以鼎。鼎卦表示担当任务的行为。任务像鼎体，所以卦名鼎。

鼎为器，主器者莫如长子，故继之以震。震卦表示动的行为。震导致动，故卦名震。物不可以终动，动到一定程度必须止之，故继之以艮。艮卦表示止的行为。艮字是止的意思。物不可以终止，故继之以渐。渐卦表示渐进的行为。进必有所归，故继之以归妹。归妹表示回归的行为。

得其所归者必大，故继之以丰。丰卦表示做大的行为。穷大者必失其居，故继之以旅。旅卦表示旅行的行为。旅行而无所容，故继之以巽。巽卦表示巽的行为。别人说的话，如果接受，就会听从，这样的行为叫巽。巽字有入的意思。入而后悦之，故继之以兑。兑卦表示兑的行为。将内心的思想感情发泄、释放出来，叫兑。兑字有悦的意思。

悦而后散之，故继之以涣。涣卦表示涣散的行为。脱离约束后的行为叫涣。涣字有脱离的意思。物不可以终离，故继之以节。节卦表示节制的行为。节而信之，故继之以中孚。中孚卦表示信的行为。有其信者必行之，故继之以小过。小过表示小者过的行为。

有过物者必济，故继之以既济。既济卦表示济曾经济过的险的行为。物不可穷尽，故继之以未济终结。未济卦表示济未曾济过的险的行为，未曾济过的险不可穷尽。

第七章　杂卦

乾刚坤柔，比乐师忧。临观之义，或与或求。屯，见而不失其居；蒙，杂而著。震，起也；艮，止也。损、益，盛衰之始也。大畜，时也；无妄，灾也。萃聚而升不来也。谦轻，而豫怠也。噬嗑，食也；贲，无色也。兑见，而巽伏也。随，无故也；蛊则饬也。剥，烂也；复，反也。晋，昼也；明夷，诛也。井通，而困相遇也。咸，速也；恒，久也。涣，离也；节，止也。解，缓也；蹇，难也。睽，外也；家人，内也。否、泰，反其类也。大壮则止，遁则退也。大有，众也；同人，亲也。革，去故也；鼎，取新也。小过，过也；中孚，信也。丰，多故也；亲寡，旅也。离上，而坎下也。小畜，寡也；履，不处也。需，不进也；讼，不亲也。大过，颠也；姤，遇也，柔遇刚也。渐，女归待男行也。颐，养正也；既济，定也。归妹，女之终也，未济，男之穷也。夬，决也，刚决柔也；君子道长，小人道忧也。

乾为健，健是使用力量不停息，使用力量为刚，所以乾刚。坤为顺，顺是一直不使用力量，不使用力量为柔，所以坤柔。

比为亲比。亲比别人，自己会感到快乐，所以比乐。师为团结，是众人行同一个险难而相互顺从，行险意味着内心忧虑，所以师忧。

临为莅临，观为观察。临给与人，观求于人。

屯为创生，新生事物创造出来，现于世而不失其居。蒙为求知。无知杂，有知著，先无知而后有知，先杂而后著，杂而著。

震为动，原本静止，受震而动，好比沉睡，突然起身。艮为止。

损为减损，益为增益。减损自己为盛之始，增益自己为衰之始。

大畜为畜积德行。畜积德行讲究时，时至则畜，时过不畜。无妄为对行动的结果不存妄想，始于无咎，终于灾。

萃为与人集聚，升为生长。升上去，则下不来。

谦为谦虚、谦让，是轻自己而重他人。豫为顺应时机而采取行动，利事先作好预备，预备时间久则懈怠。

噬嗑为使行动符合要求，食为噬嗑之一例。贲为文饰，其最高境界为无色。

兑是将内心的思想感情发泄、释放出来，所以见。巽是接受、听从别人的话，所以伏。

随为跟随，跟随心无故。蛊为受蛊，受蛊而整饬。

剥为剥，人物之皮被剥，其身将烂。复为返复，复就是返。

晋为晋升，其象明出地上，所以晋为昼。明夷为明受伤时所采取的行为，所谓明受伤，一般就是明受诛。

井为建立理论。凡理论，逻辑都通，逻辑不通不成其为理论。困为受困，两人困于同一物，所以相遇。

咸为感。感为一时行为，会迅速消退。恒为坚持，坚持则恒久。

涣为涣散，脱离约束后的行为叫涣。节为节制，止于底线叫节。

解为缓解，解就是舒缓。蹇为遇到蹇难所采取的行为，蹇难是一种特殊的难。

睽为背离、分离，彼此视为外人所以相互背离相互分离。家人为一家之人，所以不见外。

泰为通，否为禁止，禁止则不通，所以否泰相反。

大壮为大者壮，必止于礼，君子非礼弗履。遁为逃遁，遁字是退的意思。

大有为文明行为。文明行为有人追随，如其所有，故卦名大有。追随的人多，为众。同人为使别人同意自己。两人意见统一，所以亲近。

革字义为去故。革卦为改革、变革、革新、改变的行为，这样的行为不可不去故，故卦名革。鼎字义为取新。鼎卦为担当任务的行为。担当重要任务不可不取新，也就是听取别人意见，故卦名鼎。

小过为小者过。中孚为信。

丰为做大，事物做大后必然多故。旅为旅行，旅行离不开亲寡。

离为明，明为上。坎为行险，行险劳，劳为下。

小畜为涵畜，涵畜的人难以亲近，所以寡。履为履行，所以不处。

需为等待，所以不进。讼为争讼，所以不亲。

大过为大者过，大者过乎常，至于巅峰。姤为遇，即柔遇刚。

渐为渐进，女归待男行为渐进。颐为养，养不可不正。

既济为济曾经济过的险，这个险曾经济过，所以心里比较确定。归妹为回归，为女之终点。

未济为济未曾济过的险，此乃男之穷，因为未曾济过的险是无穷的。夬为决，即刚决柔。刚为君子之道，柔为小人之道。决的时候，君子道长，小人道忧。

主要参考书目

【魏】王弼 注．周易．汉魏古注十三经【M】．北京：中华书局，1998.

【魏】楼宇烈校释．王弼集校释【M】．北京：中华书局，1980.

【唐】孔颖达．周易正义【M】//十三经注疏．李学勤 主编．标点本．北京：北京大学出版社，1999.

【清】朱骏声．六十四卦经解【M】．北京：中华书局，1958.

【清】李道平．周易集解纂疏【M】．潘雨廷 点校．北京：中华书局，1994.

【汉】毛亨传．郑玄笺．毛诗【M】//汉魏古注十三经．北京：中华书局，1998.

【清】马瑞辰．毛诗传笺通释【M】．陈金生点校．北京：中华书局，1989.

【春秋】左丘明．【晋】杜预 注．春秋经传集解【M】//汉魏古注十三经．北京：中华书局，1998.

【日本】竹添光鸿．左氏会笺【M】．成都：巴蜀书社，2008.

【晋】郭璞 注．尔雅【M】//汉魏古注十三經．北京：中华书局，1998.

【汉】许慎．【南唐】徐锴 传．说文解字系传【M】．北京：中华书局，1987.

【汉】许慎．【南唐】徐铉 传．说文解字【M】．北京：中国书店，1989.

【清】段玉裁．说文解字注【M】．上海：上海古籍出版社，1988.

【清】王念孙．广雅疏证【M】．南京：江苏古籍出版社，2000.

【唐】陆德明．黄焯汇校．经典释文汇校【M】．北京：中华书局，2006.

迟铎．小尔雅集释【M】．北京：中华书局，2008.

【汉】司马迁．史记【M】．北京：中华书局，1959.

康熙字典【M】．成都：成都古籍书店影印，1980.

中华大字典【M】．北京：中华书局，1978.

新华字典【M】．北京：商务印书馆，2000.

【宋】朱熹．四书集注【M】．成都：巴蜀书社，1985.

宋元人注．四书五经【M】．北京：中国书店，1985.

刘大钧．周易概论【M】．成都：巴蜀书社，2008.

余万伦．周易象释【M】．成都：巴蜀书社，2017.